Queen

Queen cover photo: © Pictorial Press Ltd/Alamy
Red Special cover photo courtesy of Esteban Anderson, AnderMay Guitars

ISBN 978-1-4584-0542-5

HAL•LEONARD®
CORPORATION

7777 W. BLUEMOUND RD. P.O. BOX 13819 MILWAUKEE, WI 53213

In Australia Contact:
Hal Leonard Australia Pty. Ltd.
4 Lentara Court
Cheltenham, Victoria, 3192 Australia
Email: ausadmin@halleonard.com.au

Visit Hal Leonard Online at
www.halleonard.com

Guitar Chord Songbook

Contents

Another One Bites the Dust

Words and Music by
John Deacon

Melody:

Steve walks war - i - ly down __ the street

Tune up ½ step:
(low to high) F-A#-D#-G#-C-F

Em   Am   C5   G5   A5   B5   F#5

F#m7   G5*   Em*   Am*   G#m   E5

Intro

‖: N.C.(Em) | (Am) |(Em) | (Am)   :‖

|(Em) | (Am) |

Ooh,   let's go!

Verse 1

N.C.(Em)   (Am)
Steve walks warily down the street, the brim pulled way down low.

(Em)   (Am)
Ain't no sound but the sound of his feet, machine guns ready to go.

        (C5)   (G5)
Are you ready? Hey! Are you ready for this?

        (C5)   (G5)
Are you hangin' on the edge of your seat?

(C5)   (G5)   (A5)   (B5)
Out of the doorway the bullets rip   to the sound of the beat, ___ yeah.

Chorus 1

N.C.(Em)   (Am)
Another one bites the dust.

(Em)   (Am)
Another one bites the dust.

       (Em)
And an - other one gone, and another one gone.

              (Am)
Another one bites the dust, yeah.

(F#5)   (A5)
Hey, I'm gonna get you too.

    (F#5)   F#m7 G5* N.C.(Em) (Am) (Em) (Am)
An - other one bites the dust.

Verse 2

Em*
How do you think I'm gonna get along

                 Am* G#m Am*
Without you when you're gone?

    Em*
You took me for ev'rything that I had

                 Am* G#m Am*
And kicked me out on my own.

     N.C.(C5)   (G5)
Are you happy? Are you satisfied?

    (C5)   (G5)
How long can you stand the heat?

(C5)   (G5)
Out of the doorway the bullets rip ah,

(A5)   Em*   G5*
To the sound of the beat. *Look out!*

Chorus 2

N.C.(Em)   (Am)
Another one bites the dust.

(Em)   (Am)
Another one bites the dust.

       (Em)
And an - other one gone, and another one gone.

               (Am)
Another one bites the dust, yeah.

(F♯5)   (A5)
Hey, I'm gonna get you too.

     (F♯5)   F♯m7 G5*
An - other one bites the dust.

Interlude

|E5 N.C. | | | |
                          Hey!

| | | | | |
                        Ah, take it! *Bite the dust!*   *Bite the dust,*

| | | | | |
    Ah!

| | | | | |
| | | |
     Hey!

Breakdown

      N.C.
An - other one bites the dust. Another one bites the dust. *Ow!*

Another one bites the dust. Hey, hey!

                        (Em)   (Am)
Another one bites the dust. Hey!

(Em)   (Am)
  Ooh, shot!

Em*
Verse 3   There are plenty of ways that you can hurt a man
                                   Am*   G#m Am*
                   And bring him to the ground.
                             Em*
                   You can beat him, you can cheat him, you can treat him bad
                                         Am*   G#m Am*
                   And then leave him when he's down, yeah.
                             N.C.(C5)   (G5)
                   But I'm ready. Yes, I'm ready for you.
                       (C5)   (G5)
                   I'm standin' on my own two feet.
                   (C5)   (G5)
                   Out of the doorway the bullets rip,
                        (A5)   (B5)
                   Re - peating to the sound of the beat.
                        G5* N.C.(Em)
                   Oh, ___ yeah.

                             N.C.(Em)   (Am)
Chorus 3   An - other one bites the dust.

                   (Em)   (Am)
                      Another one bites the dust.

                             (Em)
                   And an - other one gone, and another one gone.

                              (Am)
                   Another one bites the dust. (Yeah.)

                   (F#5)   A5
                   Hey, I'm gonna get you too.

                        (F#5)   G5*
                   An - other one bites the dust.

Outro |Em* | Am* G#m Am*|Em* |
                     Shoot-out!   *Ay.*

                | Am* G#m Am*|N.C.(C5)   (G5) |(C5)   (G5) |
                         Al   -   right.

                |(C5)   (G5) |(A5)   (B5) |N.C.   ‖
───

Bicycle Race

Words and Music by
Freddie Mercury

Bi - cy - cle, bi - cy - cle,

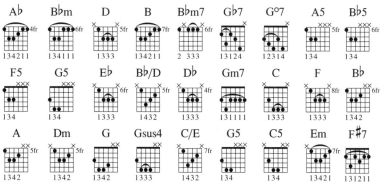

Chorus 1

N.C.
Bicycle, bicycle, bicycle.

A♭   B♭m
I want to ride my

D   B   A♭
Bicycle, bicycle, bicycle.

B♭m7   A♭
I want to ride my bicycle.

B♭m7   A♭
I want to ride my bike.

B♭m7   A♭
I want to ride my bicycle,

B♭m7   A♭
I want to ride it where I like.

GUITAR CHORD SONGBOOK

Verse 1

                     Bbm7
You say black, ___ I say white.

You say bark, I say bite.

You say shark, I say hey man,

Gb7   **G°7**
Jaws was never my scene

           N.C.(A5)   (Bb5)
An' I don't like   Star Wars.
          Bbm7
You say Rolls, ___ I say Royce.

You say God, give me a choice.

You say Lord, I say Christ,

  Gb7   **G°7**
I don't believe in Peter Pan, Frankenstein or Superman.

N.C.(F5)   (G5)   (A5)
All I wanna do   is...

Chorus 2

Eb   Bb/D Db
Bicycle, bicycle, bicycle.

  Ab   Bbm
I want to ride my

D   B   Ab
Bicycle, bicycle, bicycle.

        Bbm7   Ab
I want to ride my bicycle.

        Bbm7   Ab
I want to ride my bike.

        Bbm7   Ab
I want to ride my bicycle,

        Bbm7
I want to ride my...

Bridge

Gm7   C
Bicycle races are coming your way,

      F   Bb
So forget ____ all your duties, oh, yeah.

Gm7   C
Fat-bottomed girls, they'll be riding today,

      F   Bb
So look out ____ for those beauties, oh, yeah.

       A   Dm   C F Dm C A Dm Bb C
On your marks,   get set,   go!

G   Gsus4   G
Bicycle race, bicycle race, bicycle race.

Chorus 3

F   C/E   Ab
Bicycle, bicycle, bicycle.

         Bbm   D   B
I want to ride my bicycle, bicycle.

G5   C5   N.C.
Bicycle, bicycle, I want a bicycle race.

Interlude

	D		A		D		A	
	D		B		N.C.(Em)		(F#7	
	$\frac{5}{8}$		$\frac{4}{4}$		$\frac{3}{8}$		$\frac{2}{4}$	

Hey!

Verse 2

B♭m7
You say coke, ____ I say caine,

You say John, I say Wayne. Hot dog!

G♭7
I say cool it man, I don't wanna be

G°7   N.C.(A5)   B♭m7
The President of A   -   merica.

You say smile, I say cheese, Cartier, I say please.

Income tax, I say, Jesus,

G♭7   G°7
I don't wanna be a candidate for Vietnam or Watergate,

N.C.(F5)   (G5)   (A5)
'Cause all I wanna do   is...

Chorus 4

E♭   B♭/D   D♭
Bicycle, bicycle, bicycle.

A♭   B♭m
I want to ride my

D   B   A♭
Bicycle, bicycle, bicycle.

B♭m7   A♭
I want to ride my bicycle.

B♭m7   A♭
I want to ride my bike.

B♭m7   A♭
I want to ride my bicycle,

B♭m7   A♭
I want to ride it where I like.

Body Language

Words and Music by
Freddie Mercury

Melody:

Give me ... bod - y.

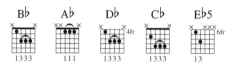

Bb   Ab   Db   Cb   Eb5

1333   111   1333   1333   13

Intro

‖: N.C. | | | :‖
| (Bb) | | |

Verse 1

N.C.(Bb) (Ab) (Bb)   (Ab)
Give me   body. Give me body.

(Db)   (Cb)
Give me your body.

(Eb5)
Don't talk, don't talk, don't talk, don't talk.

Baby, don't talk!

Chorus 1

N.C.   (Bb)
Body language. Body language. Body language.

Verse 2

N.C.(Bb)   (Ab)
Give me your bod - y.

  (Bb)   (Ab)
Just give me, yeah, your body.

(Db)   (Cb)   (Eb5)
Give me, yeah, your ___ body.   Don't talk.

Chorus 2   *Repeat Chorus 1*

Verse 3

N.C.(B♭)   (A♭)
You got red lips,   snakes in your eye,

(B♭)   (A♭)
Long legs,   great thighs.

(D♭)
You've got the cutest ass I've ever seen.

(C♭)   (E♭5)
Knock me down for a six any time.

Bridge

N.C.(A♭) (D♭)   (A♭)   (D♭)
‖: Look at me,   I got a case of bod-y language.   :‖ *Play 3 times*

(A♭) (D♭)   (A♭)   (D♭)
Look at me, I got a case of bod-y language,

(A♭)   (D♭)   (A♭)   (D♭)   (A♭)
Of bod-y language, of bod-y language. *Ha!*

(B♭)
Yeah!

Verse 4

N.C.(B♭)   (A♭)
Sexy   body.

(B♭)   (A♭)
Sexy, sexy body.

(D♭)   (C♭)   (E♭5)
I want your body.

(B♭)
Baby, you're hot!

Outro

N.C.(B♭)
‖: Body language. Body language. :‖   *Repeat and fade*

Bohemian Rhapsody

Words and Music by
Freddie Mercury

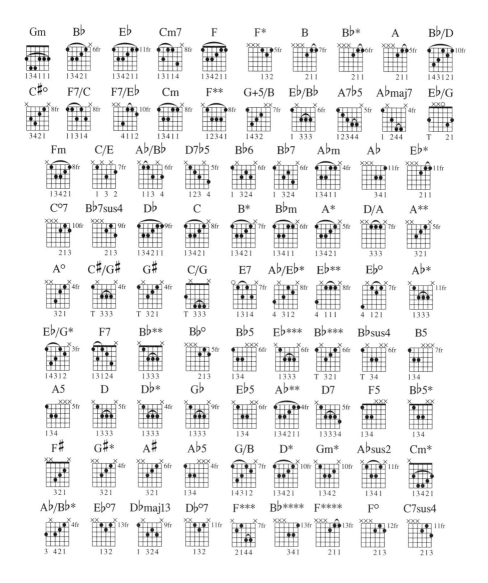

Intro

N.C.
Is this the real life? Is this just fantasy?

Caught in a landslide, no escape from reality.

Gm   Bb   Eb
Open your eyes, look up to the skies and see.

Cm7   F   F*
I'm just a poor boy, I need no sympathy.

          B   Bb*   A   Bb*
Because I'm easy come, easy go,

B   Bb*   A   Bb*
Little high, little low.

Eb   Bb/D
Anyway the wind blows

C#o   F7/C   F7/Eb   Bb
Doesn't really matter to me, ____ to me.

Verse 1

Bb   Gm
Mama, just killed a man,

          Cm   Cm7   F**
Put a gun against his head, pulled my trigger, now he's dead.

Bb   Gm
Mama, life had just begun,

          Cm   G+5/B   Eb/Bb A7b5   Abmaj7 Eb/G
But now I've gone and thrown it all   away.

Eb   Bb/D Cm
Mama, oo,

          Fm   C/E   Ab/Eb
Didn't mean to make you   cry.

D7b5 Bb   Bb6   Bb7   Eb
    If I'm not back again ____ this time tomor - row,

     Bb/D   Cm   Abm   Eb   Ab   Eb*
Carry on,   carry on, as if nothing really mat - ters.

|2/4 Co7   Bb7sus4 |4/4 Bb | |

Verse 2

Bb   Gm
Too late, my time has come,

   Cm   Cm7   F**
Sent shivers down my spine, body's achin' all the time.

Bb   Gm
Goodbye ev'rybody, I've got to go,

   Cm   G+5/B   Eb/Bb A7b5   Abmaj7 Eb/G
Gotta leave you all behind ____ and face _____ the truth.

Eb   Bb/D Cm
Mama, oo,   (Anyway the wind blows.)

Fm   C/E   Ab/Eb D7b5
I don't want to ____ die,

 Bb   Bb6   Bb7
I sometimes wish I'd never been born at all.

Guitar Solo

|Eb Bb/D |Cm |Fm   C/E Ab/Eb D7b5 |Bb Bb6 Bb7 |
|Eb Bb/D |Cm |Fm   C/E Ab/Eb D7b5 |Db C B* Bbm |
|A* |

Interlude

D/A A** A°   A**   D/A A** A°
I   see a little silhou - etto of a man.

A**   D/A   A**   D/A
Scar-a mouch, Scar-a-mouch,

A**   A°   A** D/A A**
Will you do the fan - dan - go?

C#/G#   G# C#/G# G#
Thunder - bolt and   lightning,

C/G   E7   A*
Very, very fright'ning me.

N.C.
Galileo. (Galileo.) Galileo. (Gali - leo.)

Galileofigaro. Magnifico, oh, oh, oh, oh.

B Bb* A   Bb*
I'm just a poor boy,

B Bb* A   Bb*
No - body loves me.

Ab/Eb* Eb** Eb° Eb**
He's   just a poor boy

Ab/Eb* Eb**   Eb°   Eb**
From a   poor   fami - ly.

Ab*   Eb/G*   F7   Bb** Ab Eb* C°7 Bb7sus4
Spare him his life from this monstrosi - ty.

B   Bb*   A   Bb*
Easy come, easy go,

B   Bb*   Bb°
Will you let me go?

Bb5 Eb*** Bb5
Bis - mil   -   lah!

Eb*** Bb*** Bbsus4 Bb*** Bbsus4 Bb***
No,   we will not   let   you   go.

        Bb Eb***   Bb
Let him go! Bis - mil   -   lah!

Bb*** Bbsus4 Bb*** Bbsus4 Bb***
We will not   let   you   go.

        Bb Eb***   Bb
Let him go! Bis - mil   -   lah!

Bb*** Bbsus4 Bb*** Bbsus4 Bb***
We will not   let   you   go.

          Bbsus4 Bb*** Bbsus4 Bb***
Let me go! Will not   let   you   go.

          Bbsus4 Bb*** Bbsus4 Bb***
Let me go! Will not   let   you   go.

(Never let me go, oh, oh, oh, oh.)

B5 A5 D Db*Gb Bb5 Eb5
No, no, no, no, no, no, no!

N.C.
Oh, mama mia, mama mia.

Eb   Ab* Eb N.C. Bb
Mama mi - a   let me go!

    Eb*** Ab**   D7   Gm   Bb5
Be - elze - bub has a devil put a - side for me,

For me, for me!

Breakdown |N.C.(E♭) | | |(F) |

Bridge

B♭5   **E♭5**   **B♭5 N.C.**
So you think you can stone me and spit in my eye?

B♭5   **N.C.(E♭5) A♭** Gm**
So you think you can love me and leave me to die?

F5 B♭** N.C.(F)   **B♭****
Oh, baby,   can't do this to me, baby.

N.C.(F5)   **B♭5* N.C.(F5)**   **B♭5***
Just gotta get out, ___ just gotta get right outta...

Interlude 2

|N.C.(E♭) | | |(F) |
Here.

| **F♯ G♯* A♯** |**B5** |**A♭5** |**B♭5** |
| | |

Outro

E♭ B♭/D Cm G/B Cm
Ooh, ooh,   ooh, ooh, yeah.

G/B Cm B♭ E♭*** D* Gm* A♭sus2 E♭
Ooh, yeah.

Cm*   **Gm   Cm***   **Gm**
Nothing really mat - ters, anyone can see

Cm*   **A♭m A♭/B♭***
Nothing really mat - ters, nothing really matters

   E♭ A♭ E♭* E♭°7 B♭/D D♭maj13 C D♭°7 C F***
To me.

B♭****   F****   F°   C7sus4   F**
Any -   way the wind blows...

Breakthru

Words and Music by
Freddie Mercury, Brian May,
Roger Taylor and John Deacon

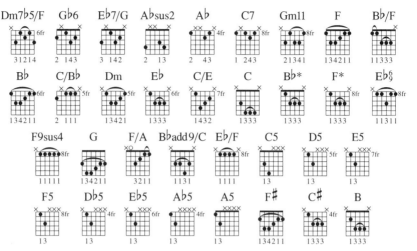

Intro

N.C.
When love breaks up,

Dm7♭5/F
  When the dawn light wakes up,

      G♭6 E♭7/G A♭sus2 A♭
A new life is born.

C7   **Gm11**
Somehow I have to make this final breakthru

N.C.(F)
Now! Aha, aha, aha, aha, aha, aha, aha, aha, aha, aha.

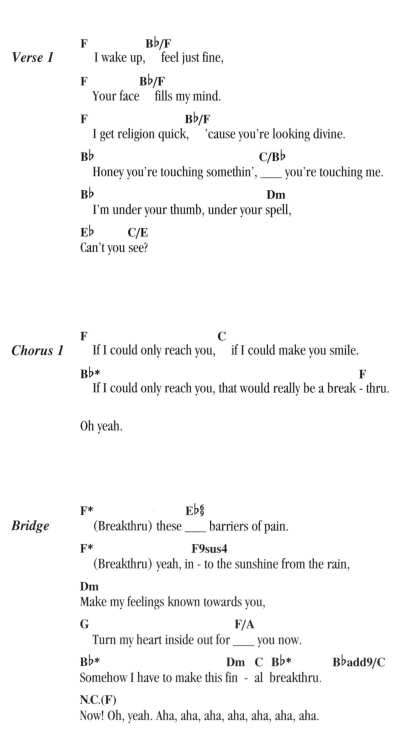

Verse 1

   F   B♭/F
   I wake up,   feel just fine,

   F   B♭/F
   Your face   fills my mind.

   F   B♭/F
   I get religion quick,   'cause you're looking divine.

   B♭   C/B♭
   Honey you're touching somethin', ___ you're touching me.

   B♭   Dm
   I'm under your thumb, under your spell,

   E♭   C/E
Can't you see?

Chorus 1

   F   C
   If I could only reach you,   if I could make you smile.

   B♭*   F
   If I could only reach you, that would really be a break - thru.

Oh yeah.

Bridge

   F*   E♭§
   (Breakthru) these ___ barriers of pain.

   F*   F9sus4
   (Breakthru) yeah, in - to the sunshine from the rain,

   Dm
Make my feelings known towards you,

   G   F/A
   Turn my heart inside out for ___ you now.

   B♭*   Dm C B♭*   B♭add9/C
Somehow I have to make this fin - al breakthru.

N.C.(F)
Now! Oh, yeah. Aha, aha, aha, aha, aha, aha, aha.

Verse 2

    F   Bb/F
    Your smile   speaks books to me,

    F   Bb/F
    I break up with each and every one of your looks at me.

    F   Bb/F
    Honey you're starting somethin' ___ deep inside of me.

    Bb   C/Bb
    Honey you're starting somethin', ___ this fire in me.

    Bb   Dm   Eb   C/E
    I'm outta control, I wanna rush headlong into this ecstasy.

Chorus 2

    F   C
    If I could only reach you,   if I could make you smile.

    Bb*   F
    If I could only reach you, that would really be... (Breakthru.)

                  C   Bb*
    If I could only reach you,   if I could make you smile.

                                     F
    If I could only reach you, that would really be a break - thru. Oh, yeah.

    F*   Eb/F F*   Eb/F
    Breakthru. ___   Breakthru.

Guitar Solo

Dm		G			
F/A			Bb*			
Dm	C	Bb*	C5	D5	E5	F5
Db5	Eb5	F5	Ab5	A5		

Chorus 3

    F#   C#
    If I could only reach you,   if I could make you smile.

    B   F#
    If I could only reach you, that would really be a... (Breakthru.)

                  C#
    If I could only reach you,   if I could make you smile.

    B   F#
    If I could only reach you, that would really be a (Breakthru.)

                                    N.C.
    Aha, aha, aha, aha, aha, aha, aha, aha, aha, aha. Breakthru.

Calling All Girls

Words and Music by
Roger Taylor

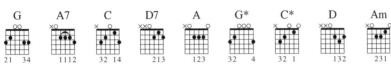

G	A7	C	D7	A	G*	C*	D	Am

Intro |G |A7 |C |D7 |
|A   G* |

Verse 1

A G*   A   G*
Calling all boys,

A G*   A   G*
Calling all girls,

A G*   A   G*
Calling all people on streets

A   G*   A   G*
A - round the world.

A   G*   A   G*
Take this message,

A   G*   A   G*
A message for you,

A   G*   A   G*
This message is old, yeah,

A   G*   A   G*
This message is true.

Pre-Chorus 1

   A   G*   A   G*
This message is...   this message is...

   A   G*   A   G*
This message is...   this message is...

N.C. C* N.C. C*	N.C. C* N.C. C*
N.C. D N.C. D	N.C. D N.C. D
N.C. C* N.C. C*	Am D

Chorus 1

     G*   D   C* G*
Love, ___ take the message of love,

D   C*   G*
  Far and near.

      D   C* G*
Take the message of love,

D   C*   G*
For all to hear,

D   C*   A G*
For all to hear.

Verse 2

A   G*   A   G*
  Some sleepless nights

A   G*   A   G*
  In wait for you.

A   G*   A   G*
  Some foreign presence ___ you feel

A   G*   A G*
  Comes creeping through.

A   G*   A   G*
  Some stream of hope,

A   G*   A   G*
  The whole world__ through,

A   G*   A   G*
  Spread like some silent ___ disease,

A   G*   A   G*
  You'll get yours too.

Pre-Chorus 2   *Repeat Pre-Chorus 1*

Chorus 2	**G* D C* G*** Love, ___ take the message of love,
	D C* G* Far and near.
	D C* G* Take the message of love,
	D C* G* For all to hear,
	D C* For all to hear.

Interlude 1   ‖: A   G* |A   G*   :‖   *Play 7 times*
                 |N.C.   C* N.C.   C* |N.C. Am   D |

Chorus 3   *Repeat Chorus 2*

Interlude 2   ‖: A   G* |A   G*   :‖   *Play 5 times*
                 |A   G* |

Outro

A G*   A   G*
Calling all boys,

A G*   A   G*
Calling all girls,

A G*   A   G*
Calling all boys,

A G*   A   G* A G* A G*
Calling all girls.

A G*   A   G* A G* A G* A G* A
Calling all girls.

Don't Stop Me Now

Words and Music by
Freddie Mercury

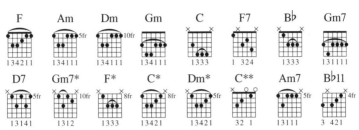

Intro

       F   **Am**   **Dm**
To - night I'm gonna have my - self a real good ____ time,

    Gm **C**
I feel a - live.

          F   **F7**   **Bb**
And the world, ____ I'm turning inside out, ____ yeah.

  Gm7   **D7**   **Gm7* F* C* Gm**
I'm floating around in ecstasy, so don't   stop me   now.

Gm7* F* C*   **Gm**   **C**
Don't   stop me, 'cause I'm havin' a good time, havin' a good time.

Verse 1

       F   **Am**
I'm a shootin' star leaping through the sky

    Dm *   **Gm**   **C****
Like a tiger, defying the laws ____ of gravi - ty.

      F   **Am**   **Dm***
I'm a racing car passing by, ____ like Lady Go - diva.

     Gm   **C**   **F**
I'm gonna go, go, go, there's no stoppin' me.

    F7   **Bb**
I'm burnin' through the sky, ____ yeah,

     Gm7   **D7**   **Gm**
Two hundred degrees, that's why they call me Mister Fahren - heit.

  D7   **Gm**
I'm trav'ling at the speed of light,

       N.C.   **C**
I wanna make a supersonic man out of you.

Chorus 1

F   Gm7 Am7 Dm*
(Don't stop me   now.)

               Gm   C**
I'm havin' such a good time, I'm havin' a ball.

F   Gm7 Am7 Dm*
(Don't stop me   now.)

               Gm   D7
If you wanna have a good time, just give me a call.

Gm   F   C   Gm
 (Don't stop me...) 'Cause I'm havin' a good time,

Gm   F   C   Gm
 (Don't stop...) Yes, I'm havin' a good time,

 C   B♭11
I don't wanna stop at all.

Verse 2

           F   Am
Yeah, I'm a rocket ship on my way to Mars,

     Dm*
On a col - lision course.

    Gm   C**
I am a satellite, I'm out of control.

    F   Am
I'm a sex machine ready to re - load,

    Dm
Like an atom bomb about to

Gm   C   F
Oh, oh, oh, oh, oh, explode.

   F7   B♭
I'm burning through the sky, ___ yeah,

   Gm7   D7   Gm
Two hundred degrees, that's why they call me Mister Fahren - heit.

   D7   Gm
I'm trav'ling at the speed of light,

             N.C.
I wanna make a supersonic woman out of you.

Bridge

N.C.
(Don't stop me, don't stop me, don't stop me.) Hey, hey, hey!

(Don't stop me, don't stop me, oo, oo, oo.)

I like it, have a good time, good time.

(Don't stop me, don't stop me.) Oh!

Guitar Solo

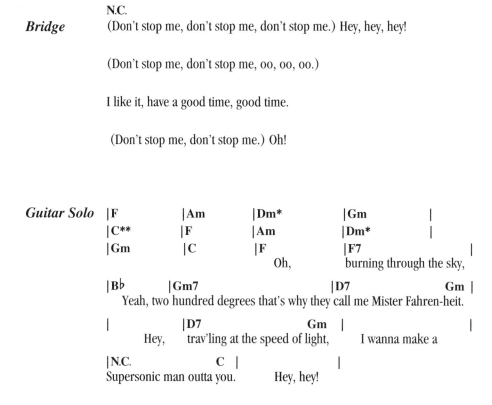

F	Am	Dm*	Gm
C**	F	Am	Dm*
Gm	C	F	F7
                                    Oh,   burning through the sky,

|Bb |Gm7 |D7   Gm |
      Yeah, two hundred degrees that's why they call me Mister Fahren-heit.

| |D7   Gm | |
        Hey,   trav'ling at the speed of light,   I wanna make a

|N.C.   C | |
Supersonic man outta you.   Hey, hey!

Chorus 2   *Repeat Chorus 1*

Outro

F   Am   Dm
     Da, da, da, da, da, da, da, da.

        Gm   C
Ha, da, da, ha, ha, ha.

        F   F7   Bb
Ha, da, da, ha, da, da, oh, oh.

Gm7
Who.   *Fade out*

Crazy Little Thing Called Love

Words and Music by
Freddie Mercury

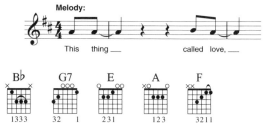

This thing __ called love, __

D | G | C | Bb | G7 | E | A | F

Verse 1

        D
This thing __ called love,

      G   **C**   **G**
I just__ can't handle it.

        D
This thing,__ called love,

      G   **C**   **G**
I must__ get 'round to it.

        D
I ain't ready.

Bb   **C**   **D**
Crazy little thing called love.

Verse 2

        D
This thing __ (This thing.) called love, (Called love.)

      G   **C**   **G**
It cries__ (Like a baby.) in a cradle all night.

        D
It swings,__ (Woo, woo.) it jives, (Woo,woo.)

      G   **C**   **G**
It shakes__ all over like a jellyfish.

        D
I kinda like it.

Bb   **C**   **D**
Crazy little thing called love.

Bridge 1

        G7
There goes my baby,

      C   **G**
She knows how to rock 'n' roll.

        B♭
She drives me crazy.

          E   **A**
She gives me hot and cold fever,

       F   **N.C.** **E**
Then she leaves me in a cool, cool sweat.

Verse 3

  A   **D**
   I gotta be cool,__ relax,

    G   **C**   **G**
Get hip,__ get on my tracks,

    D
Take the back seat, hitch hike,

   G   **C**   **G**
And take a long ride on my motor-bike

    D
Until I'm ready.

B♭   **C**   **D**
Crazy little thing called love.

Bridge 2   **Repeat Bridge 1**

Verse 4   **Repeat Verse 3**

Verse 5   **Repeat Verse 1**

Outro

    B♭   **C**   **D**
‖: Crazy little thing called love. :‖   ***Repeat and fade***

Fat Bottomed Girls

Words and Music by
Brian May

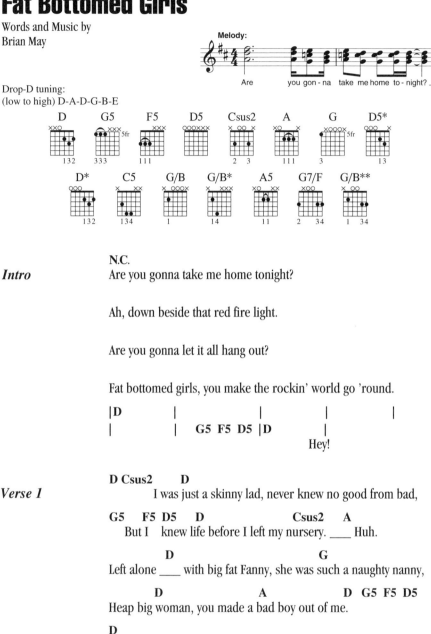

Drop-D tuning:
(low to high) D-A-D-G-B-E

Intro

N.C.
Are you gonna take me home tonight?

Ah, down beside that red fire light.

Are you gonna let it all hang out?

Fat bottomed girls, you make the rockin' world go 'round.

|D | | | | |
| | | G5 F5 D5 |D | |
                                                Hey!

Verse 1

D Csus2   D
         I was just a skinny lad, never knew no good from bad,

G5   F5 D5   D   Csus2   A
   But I knew life before I left my nursery. ___ Huh.

         D   G
Left alone ___ with big fat Fanny, she was such a naughty nanny,

       D   A   D G5 F5 D5
Heap big woman, you made a bad boy out of me.

D
   Hey, hey!

Verse 2

N.C.   D
I've been singin' with my band 'cross the water, 'cross the land,

G5   F5   D5   D   Csus2   A
I   seen ev'ry blue-eyed floozy on the way. ___ Hey.

         D   G
But their beauty and their style went kind of smooth ___ after a while,

         D   A   D5*
Take me to ___ them dirty la - dies ev'ry time. ___ *Shout!*

Chorus 1

D*   C5   G/B
Oh, won't you take me home to - night?

D*   C5   G/B*   A
Oh, down beside ___ your red ___ fire light.

D*   G
Oh, and you give it all you've got,

             D5*   A5   D*
Fat bottomed girls, ___ you make the rockin' world go 'round.

G5   F5   D#5   A5   D
  Fat bottomed girls, you make the rockin' world go 'round.

|G7/F   G/B**   D |A   D |G/B**   D |
A   G5
  Hey, listen here, ah.

Verse 3

         D
Now, I got mortgages and homes, I got stiffness in my bones,

G5   F5   D5   D   Csus2   A
  Ain't no   beauty queens in this lo - cality. ___ I tell ya.

         D   G
Oh, but I ___ still get my pleasure, still got my greatest treasure,

         D   A   D5*
Heap big woman, you gonna make ___ a big man out of me.

Now get this.

| | **D*** | **C5** | **G/B** |
| **Chorus 2** | Oh, I know. (You gonna take me home tonight?) | Please. |

D*   **C5**   **G/B***   **A**
Oh, down beside ___ that red ___ fire light.

D*   **G**
Oh, you gonna let it all hang out,

                D5*   **A5**   **D5***
Fat bottomed girls, ___ you make the rockin' world go 'round.

G   **D**   **A5**   **D5***
Yeah, fat bottomed girls, ___ you make the rockin' world go 'round.

Get on your bikes an' ride.

D*
Outro   Oo, yeah, uh. Oh, yeah.

Them fat bottomed girls, they get me. Yeah, yeah, yeah.

All right, ride 'em cowboy. Woo! (Fat bottomed girls.) Yes, yes!

```
|D                |              |          |             |
|                 |              |  Csus2  G/B** |D        |
|    Csus2  G/B**  |D*           |          ‖
```

Friends Will Be Friends

Words and Music by
Freddie Mercury and John Deacon

Melody:

An-oth-er red let-ter day,   so the pound has dropped

Chord diagrams:
G   B7   Em   G7   C   F   D/F#   Bm7
Am   D   C/D   Bm/D   Am/D   D7   A/C#   D*
B7/D#   G/D   A7/C#   G*   Fadd9   C*   B♭   Am7

Intro |G   B7 |Em   G7 |C   F   C |

Verse 1

     G   D/F#
    Another red letter day,

       Em   Bm7   G
So the pound has dropped and the children are cre - ating.

   C   Am
   The other half ran a - way

       D   C/D   Bm/D   Am/D
Taking all the cash ___ and leaving you with the lumber.

  G   B7
   Got a pain in the chest,

            Em   G7
Doctors are on strike, ___ what you need is a rest.

     Am   D7
It's not easy love, but you got friends you can trust.

Chorus 1

   C   A/C#
Friends will be friends,

                G   Em
When you're in need of love they give you care and attention.

D*   B7/D#
  Friends will be friends,

               Em   B7/D#
When you're through with life, when all hope is lost,

     G/D   A/C#   C D*
Hold out your hand, 'cause friends will be friends __   right till the end.

Guitar |G   B7 |Em G7 |C   Am |$\frac{2}{4}$ F   C |
Solo 1

Verse 2

G   D/F#
Now it's a beautiful day,

     Em   Bm7   G
The postman delivered a letter from your lover.

C   Am
  Only a phone call a - way,

               D   C/D   Bm/D   Am/D
You tried to track him down ___ but somebo - dy stole his number.

G   B7
  As a matter of fact,

                      Em   G7
You're getting used to life   without him in your way.

         Am   D*
It's so easy now, 'cause you got friends you can trust.

Chorus 2

   C   A/C#
Friends will be friends,

                G   Em
When you're in need of love they give you care and attention.

D*   B7/D#
  Friends will be friends,

               Em   B7/D#
When you're through with life, when all hope is lost,

     G/D   A7/C#   C D*
Hold out your hand, 'cause friends will be friends __   right till the end.

Interlude   ‖: G*   Fadd9 |C*   B♭   :‖

Guitar
Solo 2

G D/F♯	Em Bm7 G	C Am
D C/D Bm/D Am/D	G B7
Em G7	Am7	D*
         It's so easy now, 'cause you got friends you can trust.

Chorus 3

C   A7/C♯
Friends will be friends,

             G   Em
When you're in need of love they give you care and attention.

D*   B7/D♯
    Friends will be friends,

             Em   B7/D♯
When you're through with life, when all ___ hope is lost,

     G/D
Hold ___ out your hand,

A7/C♯   C   D*
Friends will be friends ___ right till the end.

Chorus 4

C   A7/C♯
Friends will be friends,

             G   Em
When you're in need of love they give you care and attention.

D*   B7/D♯
    Friends will be friends,

             Em   B7/D♯
When you're through with life, when all hope is lost,

G/D   A/C♯   C
Hold out your hand, 'cause right till the end.

D*
    Friends will be friends.

Outro-
Guitar Solo

Repeat Chorus 4 and fade

Flash's Theme (Flash)

Words and Music by
Brian May

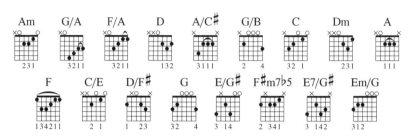

Chorus 1

Am N.C.(Am) G/A
Flash.   Ah.

F/A   D   A/C# D G/B Am N.C.(Am)
   Savior of the universe.

Am N.C.(Am) G/A
Flash.   Ah.

F/A   D   A/C# D G/B Am N.C.(Am)
   He'll save ev'ry - one of us.

Chorus 2

Am N.C.(Am) G/A
Flash.   Ah.

F/A   D   A/C# D G/B Am N.C.(Am)
   He's a miracle.

Am N.C.(Am) G/A
Flash.   Ah.

F/A   D   A/C# D A/C# D G/B
   King of the im - possible.

Verse 1

    C   G/B
  He's for ev'ry - one of us.

Dm   A/C♯   A
Stand for ev'ry - one of us.

F   C/E
He'll save with a mighty hand

   F   D/F♯
Ev'ry man, ev'ry woman,

     G   E/G♯ Am N.C.(Am)
Ev'ry child with a mighty Flash.

Chorus 3

Am N.C.(Am)   G/A F/A D A/C♯ D G/B Am N.C.(Am)
Flash.   Ah.

Am N.C.(Am)   G/A
Flash.   Ah.

F/A   D   A/C♯ D A/C♯ D G/B
  He'll save ev'ry - one of us.

Verse 2

    C   G/B   C   G/B
  Just a man ____ with a man's courage.

        Dm   A/C♯
He knows,   nothing but a man,

        Dm   A/C♯ A
But he can never fail.

F   C/E
No one but the pure in heart

   F   F♯m7♭5 G
May find the golden   grail,

E7/G♯ Am Em/G F
Oh,   oh,   oh,   oh.

Outro

‖: N.C.(Am) | | | :‖
|Am N.C.(Am) | | | ‖ *Fade out*
  Flash.

Good Old-Fashioned Lover Boy

Words and Music by
Freddie Mercury

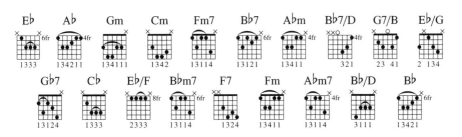

Verse 1

Eb   Ab
I can dim the lights and sing you songs

        Gm Cm
Full of sad ____ things.

Fm7   **Bb7   Eb Bb7**
We can do the tango just for two.

Eb   **Ab**
I can serenade and gently play

        Gm Cm
On your heart ____ strings,

Fm7   **Abm Bb7**   **Eb Bb7**
Be your Valen - tino   just for you.

Chorus 1

Eb Bb7/D Cm
Oo, love,   oo,

Gm Ab Eb
Lov - er   boy

Bb7/D   **Cm**   **G7/B**
   What you doin' tonight? ____ Hey boy.

   Cm   **Gm**   **Cm**   **Gm**
Set my alarm, ____ turn on ____ my charm,

       Fm7   **Abm**   **Bb7**   **Eb**
That's be - cause I'm a good old-fashioned lover boy.

Verse 2

A♭m   E♭/G
Oo, let me feel your heartbeat. (Grow faster, faster.)

A♭m   G♭7   C♭
(Oo,)   Can you feel my love heat?

G♭7   C♭   G♭7
Come on an' sit on my hot ____ seat of love

              C♭   B♭7   E♭
And tell me how ____ do you feel ____ right after all.

             A♭   Gm   Cm
I'd like for you and I ____ to go ro - mancing,

Fm7   A♭m   B♭7   E♭   B♭
Say the word, your wish is my command.

Chorus 2

E♭   B♭7/D   Cm
Oo, love,   oo,

Gm   A♭   E♭
Lov - er   boy

B♭7/D   Cm   G7/B
What you doin' tonight? ____ Hey boy.

Cm   Gm   Cm   Gm
Write my letter, feel much better

    Fm7   A♭m   B♭7   E♭
And use my fancy patter on the telephone.

Bridge

E♭
When I'm not with you,

                E♭/F   B♭7
Think of you always, I   miss   you.
          (I miss those long hot summer nights.)

E♭   B♭m7
When I'm not with you, think of me always,

F7   N.C.
Love you, love you.

Chorus 3

Fm7
Hey, boy, where d' you get it from?

Hey, boy, where did you go?

              A♭m   B♭7
I learned my passion in the good old-fashioned school of lover boys.

Guitar
Solo

|E♭   B♭7/D |Cm Gm A♭ |E♭ B♭7/D |Cm   G7/B |
|Cm Gm Cm Gm |Fm A♭ |Gm A♭m7 |E♭ B♭/D Cm Gm|
|Fm7 A♭ B♭7 |

Verse 3

E♭   A♭   Gm Cm
Dining at the Ritz, we'll meet at nine ___ pre - cise - ly,

Fm7   B♭7   E♭ B♭7
I will pay the bill, you taste the wine.

E♭   A♭   Gm Cm
Driving back in style in my saloon, ___ will do quite nicely.

   Fm7   A♭m   B♭7   E♭
Just take me back to yours, ___ that will be fine.

         B♭
Come on an' get it.

Outro-
Chorus

E♭ B♭7/D
 Oo, love, there he goes again

Cm   Gm   A♭   E♭
There's my old-fashioned lover boy.

B♭7/D   Cm   G7/B
  What you doin' tonight? ___ Hey boy.

        Cm   Gm   Cm   Gm
Ev'ry - thing's al - right, just hold on tight,

        Fm7   A♭m   B♭7
That's be - cause I'm a good old ___ (Fashioned) fashioned

           E♭ B♭ E♭
Lover boy.

Hammer to Fall

Words and Music by
Brian May

Melody:

Here we stand __ an' here we fall, __

Tune down ½ step:
(low to high) Eb-Ab-Db-Gb-Bb-Eb

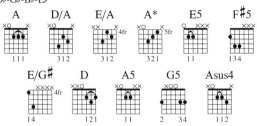

Intro

|A D/A A | D/A A | D/A E/A | A D/A A |
|A D/A A | D/A A | D/A E/A | A |

Verse 1

A   D/A A   D/A A
Here we stand   an' here we fall,

     D/A   E/A   A D/A A
His - tory won't ____ care at all.

       D/A A   D/A   A
Make the bed,   light the light. Yeah!

         D/A   E/A   A   D/A
Oh, la - dy of mercy won't be home tonight. Yeah!

Chorus 1

A*   E/A   D/A A
(You don't waste no time ____ at all.)

     D/A   A   D/A A
Don't hear the bell but you an - swer the call.

A*   E/A D/A   A
(Comes to you as ____ to us all.) Yeah!

     D/A A   D/A A
We're just wait - in' for the ham - mer to fall. Yeah!

|A D/A A | D/A A | D/A E/A | A D/A A |

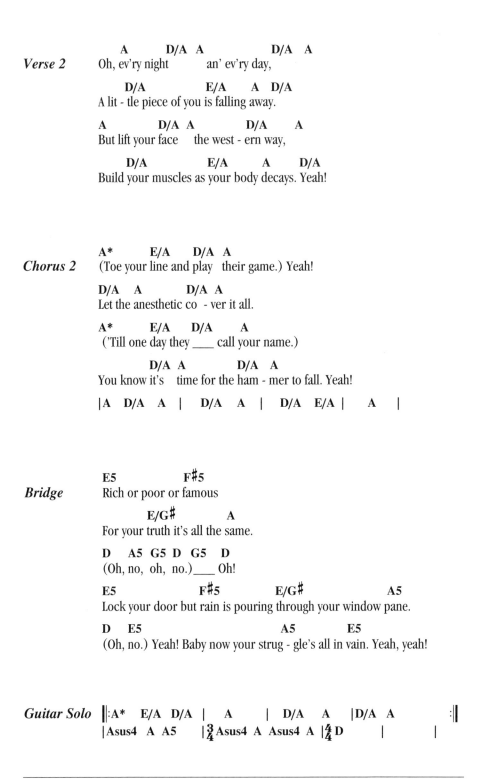

Verse 2
```
        A     D/A  A            D/A   A
Oh, ev'ry night      an' ev'ry day,
```
```
        D/A           E/A      A  D/A
A lit - tle piece of you is falling away.
```
```
    A       D/A  A        D/A     A
But lift your face    the west - ern way,
```
```
        D/A           E/A      A       D/A
Build your muscles as your body decays. Yeah!
```

Chorus 2
```
    A*        E/A    D/A  A
(Toe your line and play   their game.) Yeah!
```
```
D/A   A        D/A  A
Let the anesthetic co  - ver it all.
```
```
    A*        E/A   D/A      A
('Till one day they ____ call your name.)
```
```
        D/A  A           D/A   A
You know it's    time for the ham - mer to fall. Yeah!
```
```
|A   D/A   A  |   D/A   A  |   D/A   E/A |    A    |
```

Bridge
```
    E5            F#5
Rich or poor or famous
```
```
        E/G#         A
For your truth it's all the same.
```
```
D    A5  G5  D  G5    D
(Oh, no,  oh,  no.)____ Oh!
```
```
E5               F#5        E/G#              A5
Lock your door but rain is pouring through your window pane.
```
```
D    E5                   A5         E5
(Oh, no.) Yeah! Baby now your strug - gle's all in vain. Yeah, yeah!
```

Guitar Solo
```
||:A*   E/A  D/A  |    A    |  D/A    A   |D/A  A            :||
|Asus4  A  A5    |3/4 Asus4  A  Asus4  A |4/4 D      |         |
```

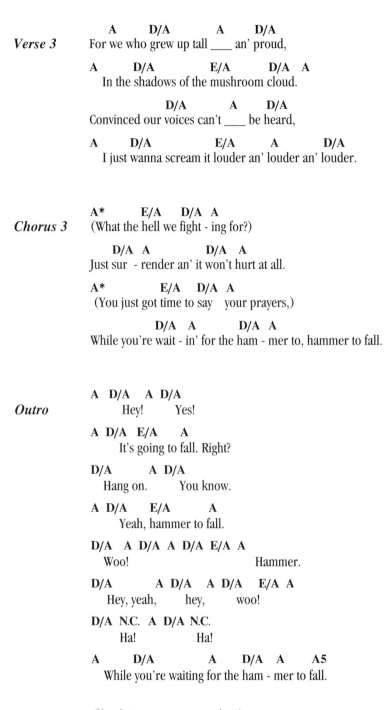

Verse 3
```
            A        D/A      A      D/A
For we who grew up tall ____ an' proud,

A        D/A          E/A       D/A  A
   In the shadows of the mushroom cloud.

              D/A       A      D/A
Convinced our voices can't ____ be heard,

A        D/A          E/A      A       D/A
   I just wanna scream it louder an' louder an' louder.
```

Chorus 3
```
A*        E/A    D/A  A
(What the hell we fight - ing for?)

     D/A   A          D/A  A
Just sur - render an' it won't hurt at all.

A*             E/A    D/A  A
 (You just got time to say   your prayers,)

              D/A   A          D/A  A
While you're wait - in' for the ham - mer to, hammer to fall.
```

Outro
```
A  D/A    A D/A
      Hey!      Yes!

A  D/A  E/A     A
      It's going to fall. Right?

D/A         A  D/A
   Hang on.      You know.

A  D/A      E/A        A
      Yeah, hammer to fall.

D/A   A D/A   A  D/A  E/A  A
   Woo!                    Hammer.

D/A         A  D/A   A D/A   E/A  A
   Hey, yeah,      hey,      woo!

D/A  N.C.  A  D/A  N.C.
   Ha!          Ha!

A         D/A          A     D/A  A     A5
   While you're waiting for the ham - mer to fall.
```

Give it to me one more time!

Headlong

Words and Music by Freddie Mercury,
Brian May, Roger Taylor and John Deacon

Melody:

And you're rush - in' head - long

Drop D tuning:
(low to high) D-A-D-G-B-E

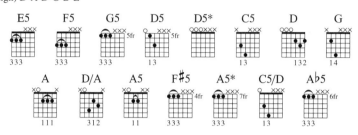

| E5 | F5 | G5 | D5 | D5* | C5 | D | G |

| A | D/A | A5 | F#5 | A5* | C5/D | Ab5 |

Intro |N.C.   E5 |F5 | G5   F5 |N.C.(D5) |

N.C.(D5)

Chorus 1   And you're rushin' headlong, you've got a new goal.

And you're rushin' headlong out of control.

And you think you're so strong but there ain't no stoppin',
                                                              D5
An' there's nothin' you can do about it, ____ nothin' you can do,

No there's nothin' you can do about it.
E5 F5   G5 F5   D5*
    No ____ there's nothin' you can, nothin' you can,
                D5
Nothin' you can do about it.
                     C5 D5   C5   D5
And you're rushin' head - long, ____ you've got a new goal,
                                                        G5   D
And you're rushin' headlong out of control and you think you're so   strong,
                              C5   **G5**
But there ain't no stoppin', no there's nothin' you can do about it. ____ Yeah!

Interlude 1 |D5 | E5 |F5 G5 E5 F5 G5 E5 F5 D5* |
              |E5 F5 G5 E5 F5 G5 E5 F5 |G5 E5 F5 G5 |
              | F5   D5* | D5 |

                      D5
Verse 1   Hey, he used to be a man with a stick in his hand.

               C5   G   C5
               (Hoop diddy diddy,   hoop diddy do.)

                      D5
               She used to be a woman with a hotdog stand.

               C5   G
               (Hoop diddy diddy.) Hoop diddy do.

                   A   D/A
Pre-Chorus 1 Now you got soup in the laundry bag.

                A5   D/A
                Now you got strings you're gon - na lose your rag.

                A   G5
                You're gettin' in a fight then it ain't so groovy

                          F#5
                When you're screamin' in the night,

                       A5*   G5   F5 D5*
                 "Let me out of this cheap 'B' movie."

                   G5   D
Chorus 2   Head - long down the highway,

                            G5   D5*   F5   D5*
               And you're rushing head - long out of con - trol

               F5 D5* F5 D5*   G5 D   G5   F5
                       And you think you're so   strong but there ain't no stop - pin',

                   G5   D5*   F5
               And you can't stop rockin' an' there's nothin' you can,

                       G5
               Nothin' you can, nothin' you can do about it.

               ‖: D5 | | | :‖

Verse 2

            D5
When a red hot man meets a white hot lady,

C5   **G**
(Hoop diddy diddy, hoop diddy do.)

    C5   **D5**
Oh, soon the fire starts a ragin', gets 'em more than half crazy.

C5   **G**
 (Hoop diddy diddy, hoop diddy do.)

Pre-Chorus 2

    A   **D/A**
Oh, ____ now they start freakin' ev'ry way you turn.

   A5   **D/A**
You can't stop walking 'cause your feet got burned.

 A   **G5**
It ain't no time to figure wrong from right,

   F♯5   **A5**
'Cause reason's out the window, better hold on tight.

Chorus 3

          G5   **D**   **E5 G5 F5 D5* F5 D5***
You're rushin' head - long,

G5   **D**   **E5 F5** **D5* E5 F5 G5**
Head - long,   yeah.

F5 D5*   **G5 D5***
You think you're so   strong,

    E5   **F5**   **G5 E5 F5 G5**   **E5**
But there ain't ____ no ____ stop - pin',

F5 D5* **F5**   **G5 D5*** **F5**   **G5 D5***
An' there's noth - in' you, noth - in' you,

F5   **G5 D5* F5 G5 D5*** **G5 F5 D5***
Noth - in' you can do a - bout it   at all.

Interlude 2

D5	G5	F5 G5 D5* F5 G5 F5
G5 F5 G5 F5 G5 F5	G5 F5 G5 F5 G5
F5 G5 F5 G5 F5 D5*		
D5 |G5 |D5	

Guitar Solo

```
|D5        |      |C5   G |        C5  |
|D5        |      |C5   G |            |
|A5    G5  |      |A5   G5 |     D  G5 |
|A5    G5  |      | N.C.  E5 |F♯5       |
```

Outro-Chorus

A5*   G5   D5*   G5   F5
And you're rushin' head - long down the high - way,

D5*   F5   D5*   G5   D   F5 G5
  And you're rushin' head - long out of   control.

F5 D5* F5 D5*   G5 D5*
  And you think you're so   strong,

  E5   F5   E5 F5   D5* F5
But there ain't no ____ stop - pin',

D5*   F5   N.C.   G5   N.C.(D5)   D5*
  There's nothin',   nothin' nothin' you can do about it, ____ yeah.

G5   F5   G5 F5 D5* D5
(Oo. _____) *Ha, ha.* Headlong.

```
|D5   C5     D5* |A5  A♭5  G5  F5     D5*  |D5  C5   |
```
                               (Rushin', rushin')

A5*   G5   E5 G5   F5   D5* D5   C5 E5
(Rushin', rush - in', rushin', rush - in', rushin',

     A5 G5 F5 G5   F5 D5* G5   D5   C5
Rush - in',   rush - in',   head - long.)

```
|D5* E5  F5  G5  E5  F5  G5  E5 |F5    G5  E5  F5  G5  E5  F5  G5 |
```
                  Head - long,

```
|F5  G5   F5  G5   F5  G5 | F5  G5     F5  D5*    |              ‖
```
                                 Head - long.

I Want It All

Words and Music by Freddie Mercury,
Brian May, Roger Taylor and John Deacon

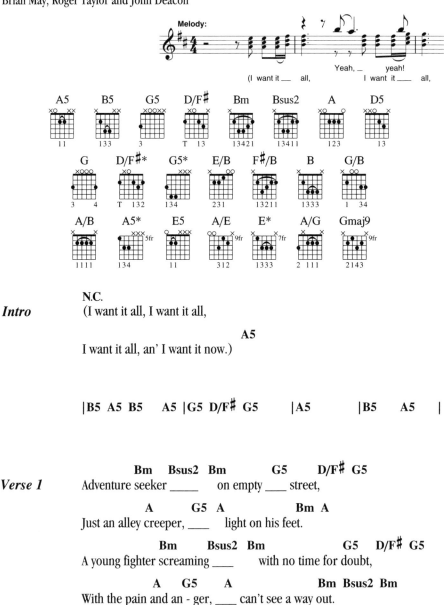

Intro

N.C.
(I want it all, I want it all,

                                          A5
I want it all, an' I want it now.)

|B5 A5 B5   A5 |G5 D/F# G5 |A5 |B5   A5 |

Verse 1

               Bm   Bsus2 Bm   G5   D/F# G5
Adventure seeker _____ on empty ___ street,

             A   G5 A   Bm A
Just an alley creeper, ___ light on his feet.

              Bm   Bsus2 Bm   G5   D/F# G5
A young fighter screaming ___ with no time for doubt,

            A   G5   A   Bm Bsus2 Bm
With the pain and an - ger, ___ can't see a way out.

Pre-Chorus 1

A   D5   G5   A5
"It ain't much I'm asking," I heard him say,

G5   A5   G
Gotta find me a future, move out of my ___ way.

Chorus 1

A5 B5 Bm A Bm
I want it   all,

          G D/F♯* G
I want it all,

          A G A
I want it all,

            Bm A
An' I want it now.

          Bm A Bm
I want it all,

          G D/F♯* G
I want it all,

          A G A
I want it all,

          Bm
An' I want it now.

Verse 2

A   B5   G5*
Listen all you peo - ple, come gather round.

                 A5   B5   A5
I gotta get me a game plan, gotta shake ___ you to the ground.

        B5   G5*
But just give me, oh, what I know is mine,

          A5   B5
People do you hear me? Just then give me the sign.

Pre-Chorus 2

A5   D5   G   A
It ain't much I'm askin',   if you want the truth.

G   A   G
Here's to the future for the dreams of youth. Hey!

Chorus 2

     A5 B5 Bm A Bm
(I want it   all,

        G D/F♯* G
I want it all,

       A G A
I want it all,

         Bm A
An' I want it now.

       Bm A Bm
I want it all,

       G D/F♯* G
I want it all,

       A G A
I want it all,

An' I want it...)

Bridge

B5   E/B F♯/B B
Now. ____   I'm a man with a one track mind,

E/B   **F♯/B**
So much to do in one lifetime.

B   **E/B**   **F♯/B**
  Not a man for compromise and wheres an' whys and living lies.

       G/B
So I'm living it all, yes I am living it all,

       A/B
An' I'm giving it all, an' I'm giving it all. Oo! Yeah!

Guitar Solo

```
|B5           |G5*       |A5*        |E5            A5 |
|B5      A5   |G5*       |A5*        |E5            A5 |
|Bm A/B Bm |G D/F♯* G |A        |A/E     E*        |
|Bm           |G         |A          |G D/F♯* G D/F♯* |
```

Pre-Chorus 3

```
A/G                   D5    G              A5
It ain't much I'm askin', if you want the truth.

G5      A5                    G5
Here's to the future, hear the cry of youth.
```

Chorus 3

```
               N.C.
(I want it all, I want it all,

                         A5
I want it all, an' I want it now.

          Bm  A  Bm
I want it all,

          G  D/F♯*  G
I want it all,

          A  G  A
I want it all,

            Bm  A
An' I want it now.)
```

```
|Bm  A  Bm  |G  D/F♯*  G  |
```

```
A  G  A               Bm  A  Gmaj9
      (An' I want it       now.)  I want it. I want it.
```

I Want to Break Free

Words and Music by
John Deacon

I want to ___ break free. ___

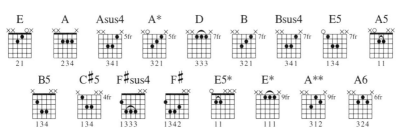

Intro

| E   A E | A E | Asus4   A* D A* | D A* |
| E   A E | A E | B   Bsus4 B | A*   D A* |
| E   A E |

Chorus 1

E N.C.   E5
    I want to break free. I want to break free.

I want to break free from your lies,

                         A5
You're so self satisfied, I don't need you.

              E5
I've got to break free.

    B5   A5   E5
God knows, God knows I want to break ___ free.

Verse 1

E5 N.C.   E5
  I've fallen in love, I've fallen in love for the first time,

       A5
And this time I know it's for real.

     E5
I've fallen in love, ___ yeah.

  B5 A5   E5
God knows, God knows I've fallen in love.

Chorus 2

  B5   A5
It's ___ strange but it's true. Hey, yeah!

B5   A5
  I can't get over the way you love me like you do,

  C♯5   F♯sus4 F♯
But I have to be sure when I walk out the door.

A5   B5   C♯5 B5
  Oh, how I want to be free, baby,

A5   B5   C♯5 B5
  Oh, how I want to be free.

  A5   B5   E5*   N.C.
Oh, ___ how I want to break ___ free.

Keyboard
Solo

|E5					
|A5		|E5		
|B5	|A5	|E5		N.C.	

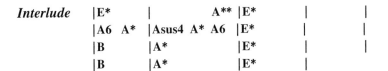

Interlude
```
|E*        |              A** |E*          |           |
|A6  A*  |Asus4  A*  A6  |E*          |           |
|B         |A*              |E*          |           |
|B         |A*              |E*          |
```

Verse 2

      E* N.C.   E5
         But life still goes on, I can't get used to livin' without,

                               A5
Livin without, livin' without you by my side.

                E5
I don't want to live a - lone.

          B5   A5   E5
Hey, God knows,   got to make it on my ___ own.

                 B A*   E*
So, baby can't you see   I've got to break ___ free.

Outro

      N.C.   E A E
     I've got to break free.

         A E   A E   A E   A E   A E
I want to break free, ___ yeah.

               A E
I want, I want, I ___ want,

              A E   A E   A E   A E   A E
I want to break ___   free.   *Fade out*

It's a Hard Life

Words and Music by
Freddie Mercury

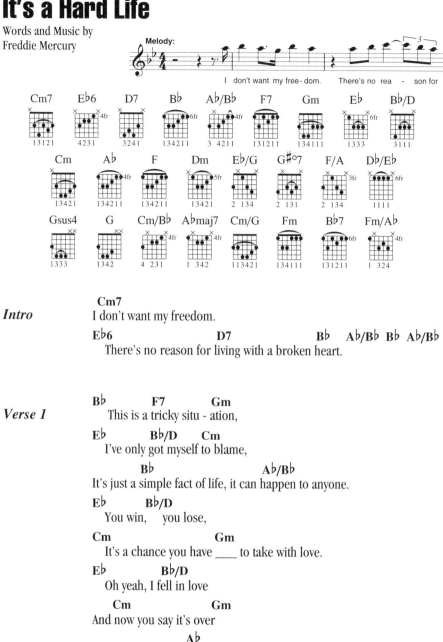

Melody:

I don't want my free-dom. There's no rea - son for

Intro

Cm7
I don't want my freedom.

E♭6   D7   B♭ A♭/B♭ B♭ A♭/B♭
 There's no reason for living with a broken heart.

Verse 1

B♭ F7 Gm
 This is a tricky situ - ation,

E♭ B♭/D Cm
I've only got myself to blame,

   B♭   A♭/B♭
It's just a simple fact of life, it can happen to anyone.

E♭ B♭/D
You win, you lose,

Cm   Gm
 It's a chance you have ____ to take with love.

E♭ B♭/D
Oh yeah, I fell in love

  Cm   Gm
And now you say it's over

     A♭
And I'm falling a - part.

Chorus 1

|F|Bb Dm|Eb|Bb|
It's a hard life, to be true lovers to - gether.

|Eb|Bb|F|Eb/G G#°7|
To love and live forev - er in each other's hearts.

|F/A Bb|Dm|Eb|Bb|
It's a long, hard fight to learn to care for each other.

|Eb|Bb|F|
To trust in one anoth - er right from the start,

|Eb Db/Eb|
When you're in love.

Verse 2

|Bb|F7|Gm|
I try and mend the broken pie - ces.

|Eb|Bb/D|Cm|
I try to fight back the tears.

|Bb|
They say it's just a state of mind

|Ab/Bb|
But it happens to ev'ryone.

|Eb|Bb/D|
How it hurts,   deep inside

|Cm|Gm|
When your love has cut __ you down to size.

|Eb|Bb/D|
Life is tough   on your own,

|Cm|Gm|Ab|
Now I'm waiting for something to fall from the __ skies

|F|
I'm waiting for love.

Chorus 2

Bb   Dm   Eb   Bb
Yes, it's a hard __ life,   two lovers to - gether.

  Eb   Bb   F   Eb/G G#°7
To love and live for - ever in each other's hearts.

F/A Bb   Dm   Eb   Bb
It's a long, hard fight to learn to care for each other.

  Eb   Bb   F
To trust in one anoth - er right from the start,

           Eb Db/Eb
When you're in love.

Instrumental

Ab	Gsus4 G Gsus4 G	Cm Cm/Bb	Abmaj7 Cm/G
Eb Bb/D	Cm	Ab Eb/G	Fm
Bb Bb7	Ab/Bb Bb	Ab Eb/G	Fm Cm
Ab Eb/G	Fm Cm	Bb	F

Chorus 3

    Bb Dm Eb   Bb
It's a hard life in a world that's filled with sorrow.

        Eb   Bb   F Eb/G G#°7
There are people searching for love in every way.

F/A Bb   Dm
It's a long, hard fight,

    Eb   Bb
But I'll always live for to - morrow,

      Eb   Bb   F
I'll look back on myself and say ___ I did it for love.

          Eb/G Fm/Ab
Yes, I did it for love, for ___ love.

  F/A   Bb Ab/Bb
Oh, ___ I did it for love.

Outro

|Bb Ab/Bb |Bb Ab/Bb |Bb Ab/Bb |
|Bb Ab/Bb |Bb Ab/Bb | ‖

Innuendo

Words and Music by Freddie Mercury,
Brian May, Roger Taylor and John Deacon

While the sun hangs in the sky _ and the de-sert has sand

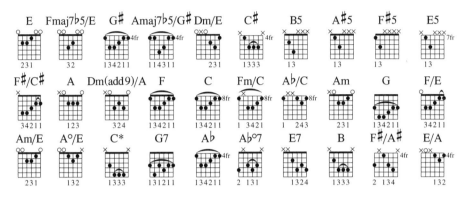

Intro

```
‖: E        Fmaj7♭5/E  | E       Fmaj7♭5/E  :‖
| G♯        Amaj7♭5/G♯ | G♯      Amaj7♭5/G♯ |
| G♯        Amaj7♭5/G♯ | G♯                 |
```

Verse 1

          E   Dm/E   E   Dm/E
          Ooh, ooh.

          E   Fmaj7♭5/E
            While the sun hangs in the sky and the desert has sand,

          E   Fmaj7♭5/E
            While the waves crash in the sea and meet the land,

          G♯   Amaj7♭5/G♯
            While there's a wind and the stars

          G♯   Amaj7♭5/G♯
            And the rainbow,

          G♯   Amaj7♭5/G G♯
            'Till the mountains crumble into the   plain.

Chorus 1

C♯   N.C.(B5)   A♯5) (F♯5)
Oh, ___ yes, we'll keep on tryin'

C♯   E5   N.C.(F♯5) (B5)
   Tread that fine line.

F♯/C♯   N.C.(B5)   (A♯5) (F♯5)
   Oh, we'll keep on tryin',   yeah,

G♯
   Just passin' our time.

Verse 2

E   Dm/E   E   Dm/E
   Ooh, ooh.

E   Fmaj7♭5/E
   While we live according to race, color or creed,

E
   While we rule by blind madness and pure greed,

G♯   Amaj7♭5/G♯   G♯
   Our lives dictated by tradition,   super   -   stition,

            Amaj7♭5G♯   G♯
False religion _____   through the eons

Ama7♭5/G♯   G♯
And   on ___ and on.

Chorus 2

C♯   N.C.(B5)   A♯5) (F♯5)
Oh, ___ yes, we'll keep on tryin'

C♯   E5   N.C.(F♯5) (B5)
   We'll tread that fine line.

F♯/C♯   N.C.(B5)   (A♯5) (F♯5)
Oh, ___ we'll keep on tryin',

G♯   A
   'Till the end of time, 'till the end of time.

Interlude

|A |Dm(add9)/A |A |Dm(add9)/A |

Bridge 1

```
        E                       F
        Through the sorrow all through our splendor

        E                           F           C  Fm/C
        Don't take offense at my    innuendo.

        C
        Do, do, do, do, do, do, do,

        A♭/C
        Do, do, do, do, do, do, do,


        Do, do, do, do.
```

Guitar
Solo 1

```
|5/4 Am      | G         | F         |3/4 E    F/E   |
| E     Am/E | E   A°/E  | E         |               |
|5/4 Am      | G         | F         |3/4 E    F/E   |
| E     Am/E | E   A°/E  | E         |6/4 Am         |
| G          | F         |3/4 E  F/E | E       Am/E   |
| E     A°/E | E         |           | N.C.          |
```

Bridge 2

```
        C*
        You can be anything you want to be,

           G
        Just turn yourself into anything you think that you could ever be.

           Am
        Be free with your tempo, be free, be free.

           C*    G7  C* G7 C*
        Sur - render your ego, be  free,

        G7 C*           A♭  A♭°7 E7
        Be  free to your - self.
```

Guitar
Solo 2

```
‖:5/4 Am    | G         | F         |
|3/4 E  F/E | E   F/E   | E         |          :‖ Play 3 times
```

Verse 3

```
E              Dm/E    E  Dm/E
Ooh, ooh.
E                                          Fmaj7b5/E
If there's a God or any kind of justice under the sky,
E                          Fmaj7b5/E   E
If there's a point, if there is a rea  -  son  to live or die,
G#
If there's an answer to the questions
Amaj7b5/G# G#              Amaj7b5/G#
          We feel bound to ask,
G#                        Amaj7b5/G# G#
Show yourself, destroy your fears,    release _____ your mask.
```

Chorus 3

```
      C#                    N.C.(B5)  (A#5) (F#5)
Oh, ___ yes, we'll keep on tryin',                     hey,
C#                    E5 N.C.(F#5)  (B5)
  Tread that fine line.
C#             N.C.(B5)            (A#5) (F#5)
  Yeah, we'll keep _____ on smiling,          yeah,
C#                        E5      N.C.(F#5)  (B5)   F#/C#
(Yeah, yeah, yeah.) And what - ever will be         will   be.
                       B          F#/A#
(Just keep on trying.    Just keep on tryin'.)
G#
  'Till the end of time, 'till the end of time,
                     E/A
Till the end of time.
```

It's Late

Words and Music by
Brian May

Melody:

You say you love me

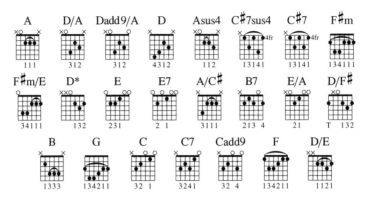

Intro

| 4/4 A D/A Dadd9/A | 3/4 A | 4/4 D | |
| 3/4 A Asus4 A | 4/4 | |

Verse 1

A D/A   A
You say you love me

       D/A   A
And I hardly know your name.

D/A   A   D/A
And if I say I love you in the candlelight,

         A
There's no one but myself to blame.

D/A   A
But there's something inside

       C#7sus4   C#7   F#m F#m/E
That's turning my mind away.

D*   A
Oh, how I could love you,

       D/A   A
If I ___ could let you stay.

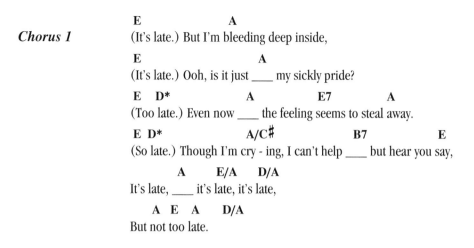

Chorus 1

```
       E                  A
(It's late.) But I'm bleeding deep inside,

       E                      A
(It's late.) Ooh, is it just ___ my sickly pride?

       E   D*          A            E7        A
(Too late.) Even now ___ the feeling seems to steal away.

       E   D*              A/C#          B7          E
(So late.) Though I'm cry - ing, I can't help ___ but hear you say,

              A      E/A    D/A
It's late, ___ it's late, it's late,

         A   E   A     D/A
But not too late.
```

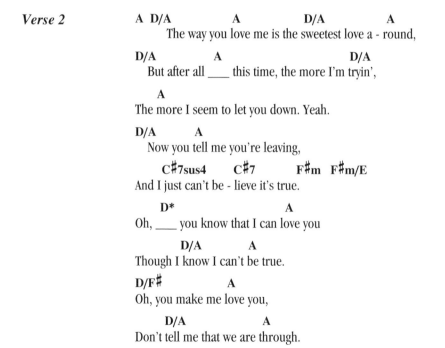

Verse 2

```
A D/A           A            D/A        A
       The way you love me is the sweetest love a - round,

D/A          A                      D/A
   But after all ___ this time, the more I'm tryin',

     A
The more I seem to let you down. Yeah.

D/A       A
   Now you tell me you're leaving,

     C#7sus4      C#7        F#m  F#m/E
And I just can't be - lieve it's true.

        D*                    A
Oh, ___ you know that I can love you

          D/A         A
Though I know I can't be true.

D/F#               A
Oh, you make me love you,

          D/A            A
Don't tell me that we are through.
```

Chorus 2

E   A
(It's late.) And it's driving me so mad.

E   A
(It's late.) Yes, I know but don't try ___ to tell me that

   E D*   A   E7   A
It's too late to save our love, you can't turn out the light.

E D*   A/C♯   B7   E
(So late.) I've been wrong ___ but I'll learn ___ to be right.

          A   E/A   D/A
It's late, ___ it's late, it's late,

     A E   A   D/A
But not too late.

Bridge

E7   A E7   A
  I've been so long,   you've been so long,

E7   A   E7   A
  We've been so long   try'n to work it out.

E7   A E7   A
  I ain't got long,   you ain't got long,

E7   A   D*   E
  We've gotta know what this life ___ is all about.

Guitar Solo |F♯m | B |F♯m | B |
                  |F♯m | B |F♯m | G |
                  |C |C7 |Cadd9 |C |
                  ‖:C   F |C   F |C   F |C   F :‖

G   D* A   E B   E N.C.
  Too late, ___   much too late.

Verse 3

```
           A                      D/A          A
You're staring at me with sus - picion in your eye.

D/A              A
  You say what a game you're playing,

                      D/A
What's this that you were saying,

   A                    D/A
I know that I can't reply.

     A                  C#7sus4   C#7   F#m  F#m/E
If I take you tonight, is it making my life a lie?

D*                A           D/E      A
  Oh, you make me wonder, did I live my life right.
```

Chorus 3

```
        E                    A
(It's late.) Ooh, but it's time to set me free.

E                              A
(It's late.) Ooh yes, I know but there's no way it has to be...

E    D*            A           E7        A
(Too late.) So let the fire ___ takes our bodies this night.

E    D*            A/C#               B7          E
(So late.) Let the wat - ers take our guilt ___ in the tide.

          A      E/A    D/A
It's late, ___ it's late, it's late,

   B7      E       C#7    F#m  F#m/E
It's late, it's late, it's late, it's late,

D*         A
  Oh, it's all too late.
```

Outro

```
‖: E        |   D*    | A              :‖  Play 3 times
 | E        |   D*    ‖: 3/4 A  N.C. | A  N.C. :‖  Play 4 times
 | A        ‖
```

Keep Yourself Alive

Words and Music by
Brian May

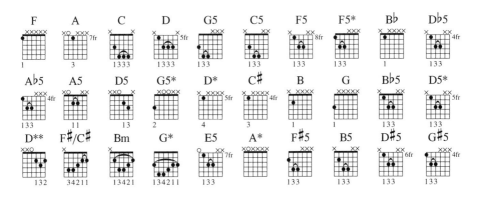

Intro

|N.C.(F) | | | |
|: (A) | | | :‖ *Play 3 times*
|(A) | C   D |²/₄ G5 C5 |⁴/₄ F5 |
| | |

Verse 1

        F5*   **N.C.(B♭)**   **(F)**
I was told a million times of all the troubles in my way,

Tried to grow a little wiser little better ev'ry day.

F5*   **C5**   **D♭5**
But if I crossed a million rivers an' I rode ____ a million miles

        A♭5   **C5**
Then I'd still be where I started, bread an' butter for a smile.

GUITAR CHORD SONGBOOK

Verse 2

F5*   N.C.(B♭)   (F)
Well, I sold a million mirrors in a shop in Alley Way,

But I never saw my face in any window, any day.
F5*   C5   D♭5
Well, they say your folks are telling you, "Be a superstar,"
       A♭5   A5
But I tell you just be satisfied and stay right where you are.

Chorus 1

       D5   G5* D5   A5
(Keep ___ yourself alive.) Yeah. ___ (Keep yourself alive.)
        N.C.(D*) (C♯)   (B)   (G)
Oo, it'll take you all your time an' a money,

A5   D5
Honey you'll survive.

Interlude

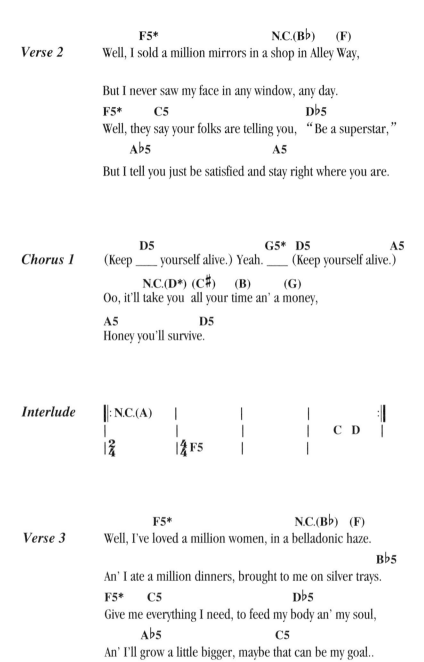

Verse 3

       F5*   N.C.(B♭)   (F)
Well, I've loved a million women, in a belladonic haze.
                                        B♭5
An' I ate a million dinners, brought to me on silver trays.
F5*   C5   D♭5
Give me everything I need, to feed my body an' my soul,
       A♭5   C5
An' I'll grow a little bigger, maybe that can be my goal..

Verse 4

    F5*   N.C.(Bb)   (F)
I was told a million times, of all the people in my way.

How I had to keep on tryin', and get better everyday.
F5*   C5   Db5
But if I crossed a million rivers, and I rode a million miles,
    Ab5   A5
Then I'd still be where I started, same as when I started.

Chorus 2

D5   G5* D5   A5
(Keep yourself alive.) Come on.   (Keep yourself alive.)
        N.C.(D*) (C♯)   (B)   (G)
Oo, it'll take you all your time an' a money,
A5   D5
Honey you'll survive.

Drum Solo   ‖:N.C. | | | :‖ |

Guitar Solo |F5*   Bb5 |F5*   C5 |F5* A5 D5* Bb5 |C5   F5* |
                 | Bb5 |F5*   C5 |F5* A5 D5* Bb5 |C5   F5* A5 |

Chorus 3

D5   G5* D5   A5
(Keep yourself alive.) Whoa, ___ (Keep yourself a - live.) oh,
D**   F♯/C♯ Bm   G*
Take you all your time and a money
    A5   D5
To keep me satisfied.
E5
   Do you think you're better ev'ryday?
   N.C.
No, ___ I just think I'm two steps nearer to my grave.

Outro-Chorus

D5   G5* D5   A5
(Keep yourself alive.) Come on, (Keep yourself a - live.) mm,

 D   F#/C# Bm G*
You take your time and take my money,

A5   D5
Keep yourself alive.

F5*   Bb5 F5*   C5
(Keep yourself alive.) Come on, (Keep yourself a - live.)

N.C.(F) (A*) (D*) (Bb)
All   you peo - ple

C5   F5*
Keep yourself alive.

D5   G5* D5   A5
(Keep yourself alive.) Come on, ___ (Keep yourself a - live.)

D5* F#5 B5   G5
Take you all your time an' a money

 A5   D5
To keep me satisfied.

B5   E5 B5   F#5
(Keep yourself alive.) Mm, ___ (Keep yourself alive.)

     B5 D#5 G#5 E5
Mm, mm, all you peo - ple

F#5   B5
Keep yourself alive.

Take you all your time and money honey, you will survive.

Keep me satisfied, keep yourself alive.   ***Fade out***

Killer Queen

Words and Music by
Freddie Mercury

Melody:

She keeps a Mö - et et Chan - don

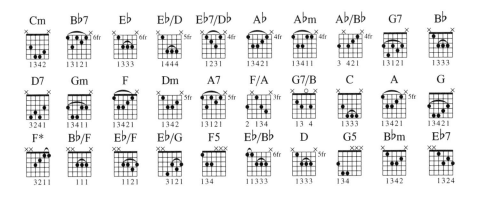

Verse 1

       Cm   **B♭7**
She keeps a Möet et Chandon in her pretty cabinet.

Cm   **B♭7**   **E♭**
"Let them eat cake," she says, just like Marie Antoinette.

      E♭/D   **E♭7/D♭**   **A♭**
A built in a - remedy for Kruschev and Kennedy

  A♭m   **E♭**   **A♭/B♭**   **B♭7**
At any time an invitation you can't de - cline.

G7   **Cm**   **B♭**   **E♭**
Caviar and cigarettes, well-versed in etiquette,

  D7   **Gm**
Ex - tr'ordinarily nice.

Chorus 1

   F   B♭   Dm   Gm   Dm
She's a killer queen, gunpowder gelatine,

Gm   A7   Dm
Dynamite with a laser beam.

    G7   F/A   G7/B   C
An' guaranteed ____ to blow your mind.

B♭
  (Anytime!) Oo.

A   Dm   G   C
Recommended at the price, in - satiable an appetite.

B♭
  Wanna try?

|F*   B♭/F E♭/F | B♭/F E♭/F |F*   B♭ E♭/G |

Verse 2

F* B♭ E♭/G Cm   B♭7
    To a -   void complications she never kept the same address.

Cm   B♭7   E♭
  In conversation, she spoke just like a baroness.

            E♭/D   E♭7/D♭   A♭
Met a man from ____ China, went down to Geisha Minah,

A♭m   E♭/B♭   A♭/B♭   B♭7
Then again inci - dent'ly if you're that way in - clined.

          G7   Cm   B♭   E♭
Perfume came nat'rally from Paris, for cars she couldn't care less,

   D7   Gm
Fas - tidious and pre - cise.

Chorus 2

F   B♭   Dm   Gm   Dm
She's a killer queen, gunpowder gelatine,

Gm   A7   Dm
Dynamite with a laser beam.

    G7   F/A   G7/B   C   B♭
An' guaranteed ____ to blow your mind.   (Anytime.)

| **Guitar** | |A   Dm | |A   Dm | |G   Cm | |G   Cm F5 | |

Guitar
Solo

A Dm	A Dm	G Cm	G Cm F5
			Cm
Bb7	Cm	Bb7 Eb	Eb/D
Eb7/Db Ab	Abm Eb/Bb	⁶⁄₄Ab Bb7	⁴⁄₄Eb/Bb Ab/Bb Bb7

             G   **Cm**   **G**   **Cm**

Verse 3   Drop of a hat she's as willing as, playful as a pussycat

       Bb   **Eb**   **Bb**   **Eb**

Then momentarily out of action, temporarily out of gas

     D   **G5**   **F5** **Bb** **F5** **Bbm**

To absolutely drive... (You wild,   wild!)

     F5

She's all out to get you.

            Bb **Dm** **Gm**   **Dm**

Chorus 3 She's a killer queen, gunpowder gelatine,

Gm   **A7**   **Dm**

Dynamite with a laser beam.

G7   **F/A**   **G7/B**   **C**

Guaranteed _____ to blow your mind.

Bb

   (Anytime!) Oo.

A   **Dm**   **G**   **C**

Recommended at the price, in - satiable an appetite.

Bb   **F** **Bb/F** **Eb/G**

   Wanna try?

   F   **Bb** **Eb/G** **F** **Bb** **Eb/G** **F** **Bb**

You wanna try?

Outro   ‖: Eb7 | :‖   *Repeat and fade*

A Kind of Magic

Words and Music by
Roger Taylor

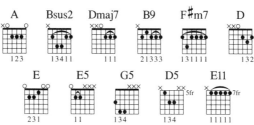

Intro

N.C.   (A)
It's a kind of magic,   it's a kind of magic, a kind of magic.

A   Bsus2
One dream, one soul, one prize, one goal.

Dmaj7   A
One golden glance of what should be. (It's a kind of magic.)

Verse 1

A   Bsus2
One shaft of light that ____ shows the way.

Dmaj7   A
No mortal man can win this day. (It's a kind of magic.)

B9
The bell that rings in - side your mind,

Dmaj7   A
Is ____ challenging the doors of time. (It's a kind of magic.)

Pre-Chorus

F#m7   D
The waiting seems e - ternity.

F#m7   E
The ____ day will dawn of sanity.

Chorus 1
     D   A
Is this the kind of magic? (It's a kind of magic.)

        D   A
There can be only one.

       E5   G5   D5   E
This rage, that lasts a thousand years, will soon be gone.

Verse 2
     A   B9
This flame that burns in - side of me.

      Dmaj7   A
I'm hearing secret   harmonies. (It's a kind of magic.)

                    B9
The bell that rings in - side your mind

      Dmaj7   A
Is ___ challenging the doors of time.

Guitar Solo ‖: D | |A | :‖
                                                               (It's a kind of magic.)

              ‖: D | |A | :‖

Interlude
     E   G5   D5
This rage that lasts a thousand years...

           E5   E
(Will soon be, will soon be, will soon be done.)

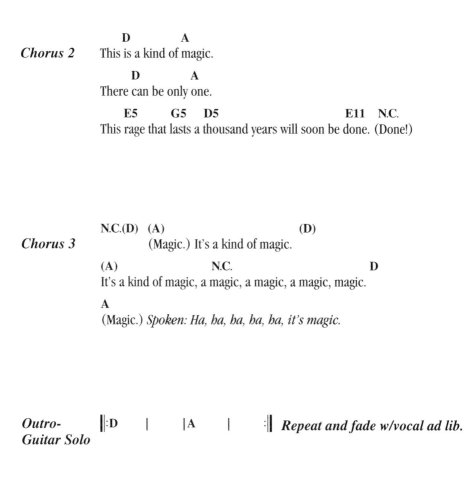

Chorus 2
        D   **A**
This is a kind of magic.

         D   **A**
There can be only one.

        E5   **G5**   **D5**   **E11** **N.C.**
This rage that lasts a thousand years will soon be done. (Done!)

Chorus 3
N.C.(D) **(A)**   **(D)**
        (Magic.) It's a kind of magic.

(A)   **N.C.**   **D**
It's a kind of magic, a magic, a magic, a magic, magic.

A
(Magic.) *Spoken: Ha, ha, ha, ha, ha, it's magic.*

Outro-
Guitar Solo
‖:**D** | |**A** | :‖ *Repeat and fade w/vocal ad lib.*

Love of My Life

Words and Music by
Freddie Mercury

Melody:
Love of my life, __ you've hurt __ me.

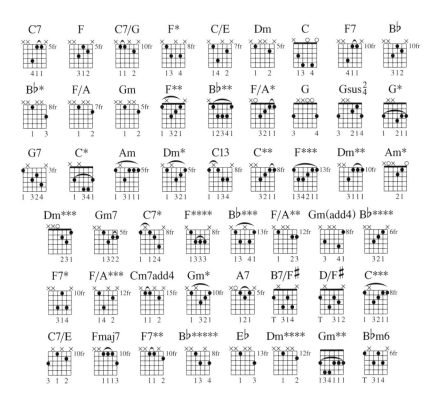

Intro |C7   F   C7   F |C7/G   F*   C/E   Dm |C |
           |F7   B♭   F7   B♭ |B♭*   F/A Gm   F** |B♭**   F/A* |
           |G   Gsus$^2_4$ G*   G7 |

Verse 1

C*   Am
Love of my life, you've hurt me.

       Dm*   G $\mathbf{Gsus^2_4}$ G*   G7
You've broken my heart and now you   leave me.

C*   C13   C**   F***
Love of my life,   can't you see?

       Dm**   Am
Bring it back, bring it back.

      Bb**   F**
Don't take it away ___ from me

       Bb**   Am*   Dm***   Gm7
Because ___ you   don't   know

C7*   F****
What it means to me.

|Bb***   F/A**   Gm(add4)   F**** |Bb****   F |G $\mathbf{Gsus^2_4}$ G*   G7 |

Verse 2

C*   Am
Love of my life, don't leave me.

       Dm*   G $\mathbf{Gsus^2_4}$ G*   G7
You've taken my love and now de   -   sert   me.

C*   C13   C**   F***
Love of my life,   can't you see?

       Dm**   Am
Bring it back, bring it back.

      Bb**   F**
Don't take it away ___ from me

       Bb**   Am*   Dm***   Gm7
Be - cause you   don't   know

C7*   F
What it means to me.

|C7   F   C7   F |F7*   Bb |
|Bb***   F/A***   Cm(add4)   Bb*** |F/A***   Gm*   F*** |

Bridge

Dm*   Am
You will remember when this is blown over,

    B♭**   F**
And ev'rything's all by the way.

A7 Dm*   Am   B7/F♯
    When I grow older, I will be there at your side

         D/F♯   Gm7
To remind ____ you how I still love you.

C*   F
   Still love you.

Guitar Solo |C7 F   C7 F |C7/G F* C/E Dm |C*** |
F7 B♭ F7 B♭	B♭*** F/A*** C7/E
B♭**** C7 F C/E F**** B♭*** F/A***	F7 B♭ F7 B♭
$\frac{2}{4}$ B♭*** F/A***	$\frac{4}{4}$ Fmaj7 B♭***** B♭**** F****
B♭*** F/A*** Gm(add4) F**** F7** B♭***** E♭ Dm****
Gm* |F **** |C**	

Outro

Dm**   Am
Back, hurry back.

     B♭**   F**
Please bring it back home ____ to me

       B♭** Am* Dm*** Gm7
Because ____ you   don't   know

C7*   F***
What it means to me.

Dm**   Am
Love of my life, love of my life.

Gm** B♭m6 F***
(Oo,   oo.)

The Miracle

Words and Music by Freddie Mercury,
Brian May, Roger Taylor and John Deacon

Tune down ½ step:
(low to high) Eb-Ab-Db-Gb-Bb-Eb

Intro |C#m | | |

Verse 1

C#m
Ev'ry drop of rain that falls

     A   B7
In Sa - hara Desert says it all, it's a miracle.

     E
All God's creations great an' small,

     C#m*   G#7
The Golden Gate and the Taj Mahal, that's a miracle.

D
Test tube babies being born,

C6   B7*
Mothers, Fathers, dead an' gone it's a miracle.

Pre-Chorus 1

```
E          D          A
We're having a miracle on earth.
E          D          C
Mother nature does it all for us.
     G
The wonders of this world go on,
     A/G
The Hanging Gardens of Babylon,
G
Captain Cook and Cain an' Abel,
A/G
Jimi Hendrix and the Tower of Babel.
```

Chorus 1

```
     Em7/A  Em7/B        Em7/A  Em7/B
It's a miracle. _____ It's a miracle.
          Em
It's a mir - acle.
D*                      E/D
   The one thing we're all waiting for
A/C♯                      G
   Is peace on earth, an end ___ to war.
        D*              Bm7
It's a ___ miracle we need,
     D/E    C♯7/E♯  F♯m7  G  G/A  G/B  G/D
The miracle.
     G/A*         D/A
The miracle we're all
G/A  D/A    A       D*  D/E  D/G  C♯m
Wait - ing  for ___ today.
```

Verse 2

```
     C♯m
If ev'ry leaf on ev'ry tree
     A                        B7
Could tell a story, that would be a miracle.
     E
If ev'ry child on ev'ry street
     C♯m*                      G♯7
Had clothes to wear and food to eat that's a miracle.
     D
If all God's people could be free
     C6                    B7*
To live in perfect harmony, it's a miracle.
```

Pre-Chorus 2
     E   D   A
We're having a miracle on earth.
     E   D   C
Mother nature does it all for us.
        G
The open hearts and surgery,
A/G
Sunday mornings with a cup of tea,
G
Superpowers always fighting
      A/G
But Mona Lisa just keeps on smiling,

Chorus 2
         Em7/A Em7/B   Em7/A Em7/B
It's a miracle. _____ It's a miracle.
         Em7/A   Em7/B
It's a miracle.

Guitar Solo
| E   D | A | E   D | C |
                                                The
| G | A/G | G | A/G |
Wonders of this world go on.   Well, it's a

Chorus 3
Em7/A Em7/B   Em7/A Em7/B
Miracle. _____ It's a miracle.
      Em   A
It's a miracle.
D*   E/D
  The one thing we're all waiting for
 A/C#   G
Is ___ peace on earth and an end to war.
     D*   Bm7
It's a miracle we need,
D/E   C#7/E# F#m7 G G/A G/B G/D   G/A*
The miracle.   The miracle.
         D/A G/A D/A G/A D/A A°7 A7
Peace on   earth and   end to   war.

Outro
     D*   E/D
‖:Friends, that time will come,
               A/C#   G
One day you'll see, ___ when we can all __ be... :‖ *Repeat and fade*

Need Your Loving Tonight

Words and Music by
John Deacon

No, I'll nev-er   look __ back in an - ger.

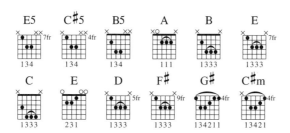

Intro | E5   C#5 | B5 | E5   C#5 | B5 |

Verse 1
E5   C#5   B5
No, I'll never look back in an - ger.

E5   C#5   B5
No, I'll never find me an an - swer.

A   B
You promised me you'd keep in touch,

A   B
I read your letter and it hurt me so much.

E   A   B   E5 C#5 B5
I said I'd never, never be an - gry with you.

GUITAR CHORD SONGBOOK

Verse 2

E5   C♯5   B5
I don't wanna feel like a stran - ger,

E5   C♯5   B5
'Cause I'd rather stay out of dan - ger.

A   B
I read your letter so many times,

A   B
I got your meaning be - tween the lines.

E   A   B   E5 C♯5 B5 A N.C.
I said I'd never, never be an - gry with you.

Bridge

C   N.C.(E*)
I must be strong so she won't know how much I miss her.

C   N.C.(E*)
I only hope as time goes on I'll for - get her.

D
My body's aching, can't sleep at night.

F♯
I'm too exhausted to start a fight.

A
And if I see her with another guy

B
I'll eat my heart out, 'cause I love, love, love, love her.

Verse 3

E5   C♯5   B5
Come on baby let's get togeth - er.

E5   C♯5   B5
I love you baby, I'll love you forev - er.

A   B
I'm trying hard to stay away.

A   B
What made you change? What did I say?

Chorus 1

```
         E          A   B      E   A  B
Ooh, I need your lov - ing tonight.

      E              A   B
‖: Ooh, I need your lov   -  ing.  :‖

G♯               C♯m           A      B
Ooh, I need your loving babe, to - night.    *Hit me.*
```

Guitar Solo

```
|E    C♯m |          |E    C♯m |          |
|E    C♯m |          |A          |B         |
|A         |B        |
```

Chorus 2

```
         E          A   B      E   A  B
Ooh, I need your lov - ing tonight.
```

Verse 4

```
E5            C♯5          B5
   No, I'll never look back in an - ger.

E5            C♯5          B5
   No, I'll never find me an an - swer.

A                        B
   Could be no warning, how could I guess?

A                        B
   I'll have to learn to for - give and forget.
```

Outro-Chorus

```
      E              A   B
‖: Ooh, I need your lov - ing.  :‖

G♯               A      B      A N.C.(E)
Ooh, I need your loving ___ tonight.
```

Now I'm Here

Words and Music by
Brian May

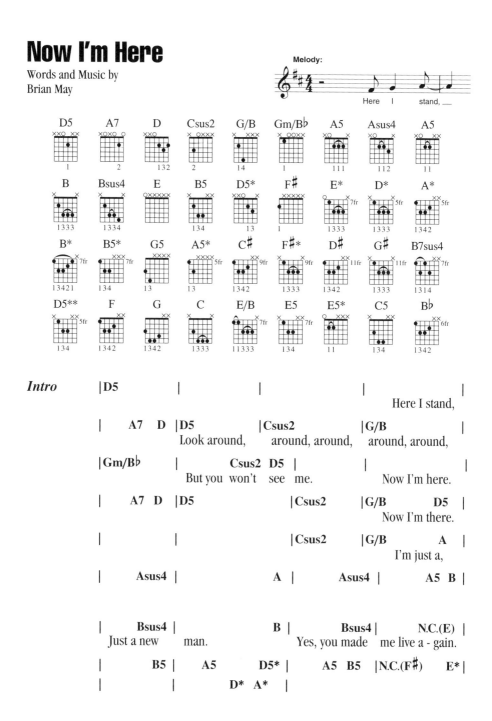

Intro |D5 | | | |

Here I stand,

| A7   D |D5 |Csus2 |G/B |

Look around,   around, around,   around, around,

|Gm/B♭ | Csus2   D5 | | |

But you won't   see   me.   Now I'm here.

| A7   D |D5 |Csus2 |G/B   D5 |

Now I'm there.

| | |Csus2 |G/B   A |

I'm just a,

| Asus4 | A | Asus4 | A5   B |

| Bsus4 | B | Bsus4 | N.C.(E) |

Just a new   man.   Yes, you made   me live a - gain.

| B5 | A5   D5* | A5   B5 |N.C.(F#)   E* |

| | D*   A* |

Verse 1

```
        B*
A baby I was when you took my hand,
    E*                              D*  A*
    And the light of the night burned bright.
        B*
The people all stared, didn't understand,
        E*                    B5*  E*
But you knew my name on sight.
        G5    A5*  D*    B*    E*
Oo, what - ever  came of you and me?
B5* C♯   F♯*   D♯   G♯
A - meri - ca's new bride to be.
    E*                              F♯*
    Oo, don't worry, baby, I'm safe an' sound.
    G5
    Down in the dungeon just creatures and me.
```

Chorus 1

```
        B*      B7sus4   B*
    Don't I love her so,
            B7sus4          N.C.(E) B5   A5  D5*
Oo, and she made me live a - gain.    Yeah.

|    A5   B5  |N.C.(F♯)     E* |         |
                                    Yeah!
```

Verse 2

```
    D*  A*  B*
Oo, __ a thin moon me and the smoke screen sky
        E*
Where the beams of your love light chase.
D*  A*          B*
    Don't move, ___ don't speak, don't feel no pain
        E*                      A*  D5**
With the rain runnin' down my face.
F   G     C      A*   D*
Your matches still light up the sky,
    B5*   E/B   C♯  F♯* D5** E5
And many a tear lives on in my eye.
    A5
    Down in the city, just Hoople and me.
```

Chorus 2

B5   E5* A5
Don't I love him so.

B5   E5* A5
Oo, don't I love him so.

Guitar Solo ‖: B5   E5* | A5   :‖ *Play 6 times*
            |B5 | |

Verse 3

            G5 C5   A*   D*
What - ever comes of you and me,

        B*   E*   C♯   F♯*   D5
I'd love to leave my memo - ry with you.

Bridge

D5   A7 D
Now I'm here,

D5   Csus2   G/B
Think I'll stay ___ around, around,

                Gm/B♭
Around, around, ___ around, around.

A5
Down in this city just a-you and me. Ah!

|N.C.(E)   B5 | A5   D5* | A5 B5 | A5 E5* |N.C.   B♭ |

Outro |B*   E* B* N.C.(E) | A*   B♭ |B* E* B*   N.C.(E) |
                                                              Don't I love

| A*   B♭ ‖: B*   E* B* N.C.(E) | A*   B♭ :‖
             You ___ so.   *Play 5 times*

|B5* |

| | |
(Go,   go,   go,   little queenie.)

‖: B5* | :‖ *Repeat and fade*

One Vision

Words and Music by Freddie Mercury,
Brian May, Roger Taylor and John Deacon

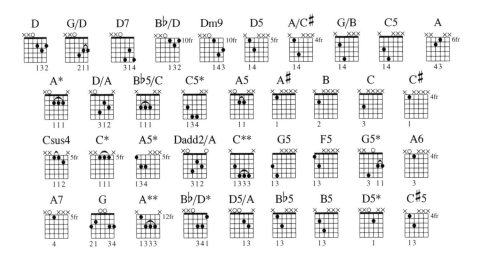

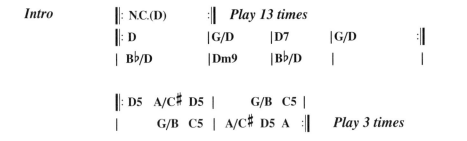

Intro

‖: N.C.(D) :‖ *Play 13 times*

‖: D |G/D |D7 |G/D   :‖

| B♭/D |Dm9 |B♭/D | |

‖: D5 A/C♯ D5 | G/B C5 |

| G/B C5 | A/C♯ D5 A :‖ *Play 3 times*

Verse 1

    D5   **A/C# D5**
    One man,

        G/B C5 G/B C5
One goal,   ha!

    A/C#   **D5 A**
One ____ mis - sion,

   D5   **A/C# D5**
   One heart,

       G/B C5   G/B
One soul,

C5   **A/C# D5 A**
Just one sol - u - tion.

 D5   **A/C# D5**   **G/B C5**
  One flash ____ of light.

   G/B   **C5**   **A/C# D5 A**
Yeah, ___one ___ God, one vi - sion.

Chorus 1

A*   **D/A**
One flesh, one bone, one true religion.

A*   **D/A** **A* D/A A* D5 C5**
  One voice, one hope, one real ____ de - ci - sion.

    Bb5/C C5*   **A5 N.C.(A#) (B) (C) (C#)**
Whoa, _____ gimme one vision. Yeah!

Verse 2

D5   **A/C# D5**   **G/B C5**
 No wrong ____   an' no right.

              Csus4   **C* A5* D5**
I'm gonna tell you there's no black an' no white.

    A/C# D5   **G/B C5**
No blood, ____   no stain.

 G/B   **C5**   **A/C#**   **D5**
All we need is one ___ worldwide ____vis - ion.

Chorus 2

  A*   D/A   A*
   One flesh, one bone, one true reli - gion.

       Dadd2/A A* C5
  One voice, one hope, one real deci - sion.

  C** Bb5/C C5*   A5 N.C.(A♯) (B) (C) (C♯)
   Whoa, ____ yeah! Oh, yeah, oh, yeah!

Bridge

  D   G/D   D7
   I had a dream ____ when I was young,

    G/D   D
  I dream ____ of sweet illusion.

       G/D
  A glimpse of hope ____ an' unity

   D7   G/D
  An' visions of one sweet ____ union.

    Bb/D   Dm9
  (But a cold wind blows an' a dark rain falls,)

    Bb/D
  And in my heart it shows.

  Dm9   Bb/D Dm9
  Look what they've done to my dream. ____ Aah!

Guitar Solo

  |D5 A/C♯ D5 | G/B C5 | G/B C5 | A/C♯ D5 A |
                    One vi - sion.

Verse 3

   D5   A/C♯ D5
  So give me your hands,

         G/B C5
  Give me your hearts. ____ I'm ready.

      G5 F5 A5
  There's on - ly one ____ di - rection.

  D5   A/C♯ D5   G/B C5 G5*
   One world ____ an' one nation.

    F5 G5 A*
  Yeah, one vision.

Chorus 3

A*   D/A   A5
No hate, no fright, just exci - tation.

                    D/A A* D/A A* D/A A*
All through the night   it's a   ce - le - bration.

A5   D/A A* D/A A* D/A A* A6 A7
Whoa, whoa, whoa, whoa, whoa, _____ whoa, _____ yeah!

|D/A   A |G |D N.C. | |
                             One.

Interlude

|A** | | | |
                                  One vision,

| | | | |
  Hey!   *Hey! One vision.*   *One vision.*

| | | | |
          One vision.   *One vision.*

| |Bb/D* |D5/A |

Outro-Chorus

A*   D/A
One flesh, one bone, one true religion.

A5
One voice, one hope, one real decision.

C5   Bb5/C   C5
Gimme one night, yeah, ___ gimme one hope, hey!

Just gimme, ah!

A5   Bb5   A5 B5
One man, one man, one bar, one night, one day.

C5   D5*   A5   Bb5
Hey, hey. Just gim - me, gim - me,

     B5   C5 C#5 D5   N.C.
Gim - me, gim - me fried chick - en. *Vision.*

Play the Game

Words and Music by
Freddie Mercury

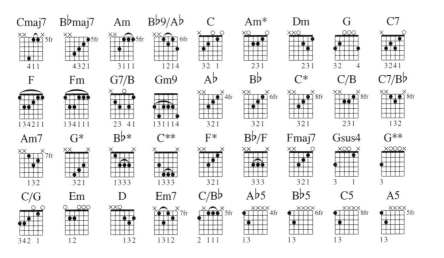

Verse 1

> **Cmaj7**   **B♭maj7**
> Open up your mind and let me step inside.
>
> **Am**   **B♭9/A♭**
> Rest your weary head and let your heart decide.
>
>   **C**   **Am*** **Dm**   **G**
> It's so eas - y   when you know the rules.
>
>   **C**   **C7** **F**   **Fm**   **C**
> It's so eas - y; all you have to do ___ is fall in love.
>
>   **G7/B** **C**   **Gm9**
> Play the game. ___ Ev'rybody play the game
>
>   **A♭** **B♭**
> Of love, yeah.
>
> |**C***   **C/B** |**C7/B♭** **Am7** **A♭** |**G***   **A♭** |**2/4** **F** **B♭*** |

Verse 2

Cmaj7   Bbmaj7
When you're feelin' down and your re - sistance is low,

Am   Bb9/Ab
Light another cigarette and let yourself go.

    C Am* Dm   G
This is your life; don't play hard to get.

    C C7 F   Fm   C
It's a free world; all you have to do ___ is fall in love.

      G7/B C   Gm9
Play the game. ___ Ev'rybody, play the game

   Ab   Bb   C* C/B C7/B Am7 G* C**
Of love, oo, ___ yeah.

Bridge

F*   Bb/F   Fmaj7
  My game of love has just be - gun.

F*   Dm   Gsus4
(Love runs from my head down to my toes.)

G**   C/G   Em
My love is pumpin' through my veins, ___ (Play the game.)

C   Em   C D
Drivin' me insane. ___ (Come, come, come, come,)

    Em7   C**
Come play the game, play the game,

C/Bb   Gm9   Ab5 Bb5
Play the game, play the game.

Breakdown |C5 |Bb5 |A5 |Ab5 |

Guitar Solo |C   **Am*** |**Dm**   **G** |C   **C7** |**F**   **Fm** |

               |C   **G7/B** |C   **Gm9** |$\frac{2}{4}$ |

              Play the game.   Ev'rybody play the game _____ of

|$\frac{4}{4}$ **Ab5**   **Bb5** |

             Love.

                  C5   **Dm**   **G**

Outro   This is your life; don't play hard to get.

                C   **C7**   **F**   **Fm**   **C**

       It's a free, free world; all you have to do ___ is fall in love.

                   G7/B   **C**   **Gm9 Ab5 Bb5**

       (Play the game. ___) Yeah,   play the game _____   of love.

       C   **Am Dm**   **G**

       Your life;   don't play hard to get.

                C   **C7**   **F**   **Fm**   **C**

       It's a free, free world; all you have to do ___ is fall in love.

                   G7/B

       Play the game, ___ yeah.

       C   **Gm9**   **Ab5**   **Bb5**

       Ev'rybody play the game ___ of ___ love,   of love.   ***Repeat and fade***

Save Me

Words and Music by
Brian May

Melody:

It start-ed off ___ so well, ___

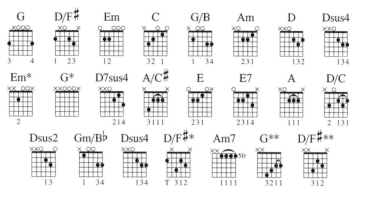

Verse 1

       G   **D/F#**   **Em D/F#**
It started off ___ so well,

G   **C**   **G/B**   **Am**
Said we made ___ a per - fect pair.

C   **D**   **Dsus4** **G**   **C**
I clothed myself ___ in your glo - ry and your love.

     G/B   **G** **Em*** **G*** **D**
How I loved you, ___ how I   cried.

     Am   **G** **C**
The years of care and loyalty

     Am   **C** **G**   **D**
Were nothing but a sham ___ it seems.

     C   **D**   **D7sus4** **G**   **C**
The years belie, ___ we lived ___ a lie.

     G/B **G** **C** **G**
I'll love you 'till I die.

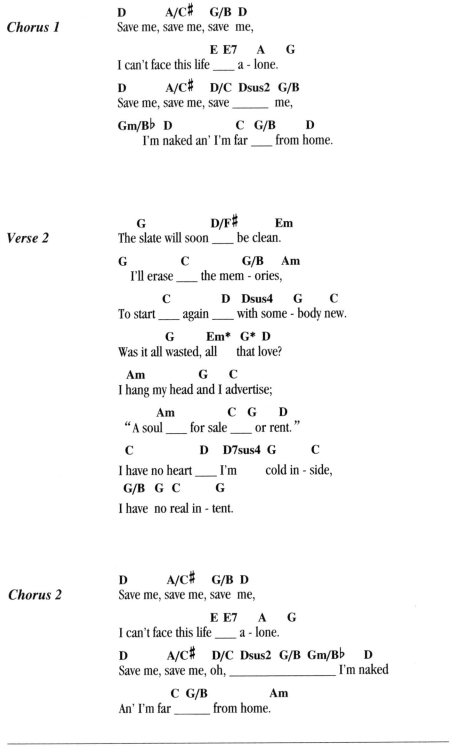

Chorus 1

    D   **A/C♯** **G/B D**
Save me, save me, save me,

                E E7   **A**   **G**
I can't face this life ____ a - lone.

    D   **A/C♯** **D/C Dsus2 G/B**
Save me, save me, save _____ me,

Gm/B♭ D   **C G/B**   **D**
   I'm naked an' I'm far ____ from home.

Verse 2

      G   **D/F♯**   **Em**
The slate will soon ____ be clean.

    G   **C**   **G/B** **Am**
  I'll erase ____ the mem - ories,

           C   **D Dsus4** **G**   **C**
To start ____ again ____ with some - body new.

        G   **Em*** **G*** **D**
Was it all wasted, all   that love?

  Am   **G**   **C**
I hang my head and I advertise;

       Am   **C G**   **D**
 "A soul ____ for sale ____ or rent."

   C   **D D7sus4 G**   **C**
I have no heart ____ I'm   cold in - side,

 G/B G C   **G**
I have no real in - tent.

Chorus 2

    D   **A/C♯** **G/B D**
Save me, save me, save me,

                E E7   **A**   **G**
I can't face this life ____ a - lone.

    D   **A/C♯** **D/C Dsus2 G/B Gm/B♭**   **D**
Save me, save me, oh, _____ I'm naked

          C G/B   **Am**
An' I'm far _____ from home.

Interlude |G   D/F♯* |Em   G |C   G/B |Am   N.C. |
              |C   D |G D C G/B | Am7 G* D | |

          C   D   G   C
Each night I cried, ___ I still believe the lie,

    G/B G   C G
I'll love you un - til I die. Oh!

              D   A/C♯   G   D   E E7
Outro   Save me, save me, save me.

              A   G   D   A/C♯
                  (Yeah, save me,) Yeah, (save me,)

                D/C Dsus2   G/B   Gm/B♭
              Oh, _____ save ___ me,

                    D   C G/B D   G
              Don't let me face my life ___ a - lone.

              D   A/C♯   D/C G/B Gm/B♭
              Save me, save me, oh,

              D   C   G   D   G** D D/F♯** C G** D
              I'm naked and I'm far ___ from home.

QUEEN   **97**

Radio Ga Ga

Words and Music by
Roger Taylor

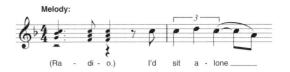

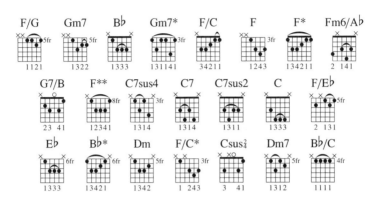

Intro

```
|F/G        |          |Gm7        |          |
|Bb         |          |Gm7*       |Bb  F/C   |
                                    (Ra - dio.)
|          |F/G        |          |Gm7        |
|          |Bb         |          |Gm7*       |
|Bb   F/C  |Gm7  F  |
     (Ra  -  dio.)
```

GUITAR CHORD SONGBOOK

Verse 1

F/G
I'd sit alone and watch your light,

Gm7
My only friend through teenage nights.

B♭
And ev'rything I had to know

Gm7* **B♭** **F/C**
I heard it on my radi - o.

Verse 2

F/G
You gave them all those old-time stars,

Gm7
Through wars of worlds invaded by Mars.

B♭
You made 'em laugh, you made 'em cry,

Gm7* **B♭** **F/C**
You made us feel like we could fly.

Gm7 **F**
(Ra - dio.)

Pre-Chorus 1

F/G
So don't become some background noise

Fm6/A♭
A backup for the girls an' boys

B♭
Who just don't know or just don't care,

G7/B
And just complain when you're not there.

F**
You've had your time, you had the pow'r,

C7sus4 **C7** **C7sus2** **C**
You've yet to have ____ your finest hour.

B♭ **F/C** **Gm7** **F**
Ra - dio. (Ra - dio.)

Chorus 1

F/Eb   Bb F*
All we hear is Radio ga ga,

Bb F*   Bb F*
Radio goo goo, Radio ga ga.

F/Eb   Bb F*
All we hear is Radio ga ga,

Bb F*   Eb   Bb* C
Radio blah blah. Radio what's new?

Dm F/C* C   Csus$^2_4$ C   F*
Radio, some - one still _____ loves you.

Verse 3

      F/G
We watch the shows, we watch the stars,

    Gm7
On videos for hours an' hours.

    Bb
We hardly need to use our ears,

    Gm7*   Bb   F/C
How music changes through the years.

Pre-Chorus 2

    F*
Let's hope you never leave old friend,

    Fm6/Ab
Like all good things on you we depend.

    Bb
So stick around 'cause we might miss you,

    G7/B
When we grow tired of all this visual.

    F**
You had your time, you had the power,

    C7sus4   C7   C7sus2 C
You've yet to have ___ your finest hour.

Bb F/C Gm7 F
Ra - dio. (Ra - dio.)

Chorus 2

N.C.
‖: All we hear is Radio ga ga,

Radio goo goo, Radio ga ga. :‖

F/E♭   B♭   F*
All we hear is Radio ga ga,

B♭   F*   E♭   B♭* C
Radio blah blah. Radio what's new?

Dm7   C   B♭/C C   F*
Some - one still   loves you.

Interlude

F/G   Gm7
   Radio ga ga,   Radio ga ga,

B♭   Gm7* B♭ F/C
   Radio ga ga.

|F* | |Fm6/A♭ | |
|B♭ | |G7/B | |
      F**
You've had your time, you had the power,

      C7sus4   C7
You've yet to have your finest hour.

B♭ F/C Gm7   F
Ra - dio. (Ra - dio.)

Outro

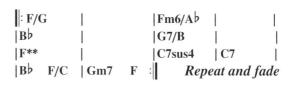

‖: F/G | |Fm6/A♭ | |
|B♭ | |G7/B | |
|F** | |C7sus4 | C7 |
|B♭   F/C |Gm7   F :‖   *Repeat and fade*

Seven Seas of Rhye

Words and Music by
Freddie Mercury

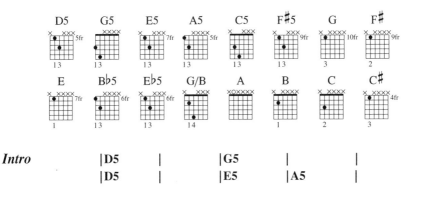

Intro |D5 | |G5 | |
           |D5 | |E5 |A5 |

Verse 1
          D5
Fear me you lords and lady preachers.

                            A5   G5
I descend upon your earth from the skies.

                                           D5
I command your very souls, you unbeliev - ers.

                     E5   A5   D5
Bring before ____ me what is mine, ____ the Seven Seas of Rhye.

Verse 2
          D5
Can you hear me, you peers and privy councilors?

                     A5 G5
I stand before you, naked to the eyes.

                                      D5
I will destroy any man who dares a - buse my trust.

E5   A5   D5
I swear that you'll be mine,   the Seven Seas of Rhye.

Bridge 1

D5   C5 G5
Sister, ____   I live and lie for you.

D5   C5 G5
Mister, ____   do and I'll die.

         D5   E5
You are mine; I pos - sess you,

      F♯5   N.C.(G) (F♯) (E) D5
Be - long to you for - ever.

Guitar Solo

‖: Bb5   Eb5 |Bb5   Eb5 |Bb5   Eb5 :‖
|D5 | | | |

Bridge 2

G5
Storm the master marathon; I'll fly through

                              C5 N.C.(G/B)
By flash and thunder fire and I'll sur - vive.

N.C.(A)   (B)   (C)   (C♯)   (A) D5
Then I'll defy ____ the laws of nature and come out a - live.

(Then I'll get you!)

Verse 3

D5
Be gone with you, you shod and shady senators.

                               A5 G5
Give out the good, leave out the bad evil   cries.

                             D5
I challenge the mighty titan and his troubadours.

         N.C.(E)   (F♯) (G)   D5
And with a smile, _____ I'll take you to the Seven Seas of Rhye.

**Outro-
Guitar Solo**

‖: D5 | | | :‖
|C5 | | ‖

The Show Must Go On

Words and Music by Freddie Mercury,
Brian May, Roger Taylor and John Deacon

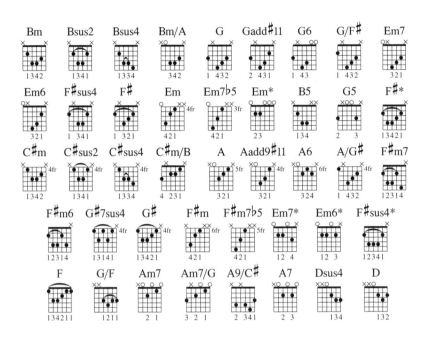

Intro |Bm   Bsus2 |Bsus4   Bm   Bm/A |G   Gadd#11 |G6   G   G/F# |
                |Em7   Em6 |F#sus4   F# |Em   Em7♭5 |

                  Bm   Bsus2   Bsus4   Bm

Verse 1   Empty spaces,   what are we living for

                  Bm/A   G   Gadd#11   G6   G   G/F#

                  A - bandoned places   I guess we know ____ the score.

                  Em7   Em6   F#sus4   F#   Em*

                  On an' on, ____ does anybody know ____ what we are looking for?

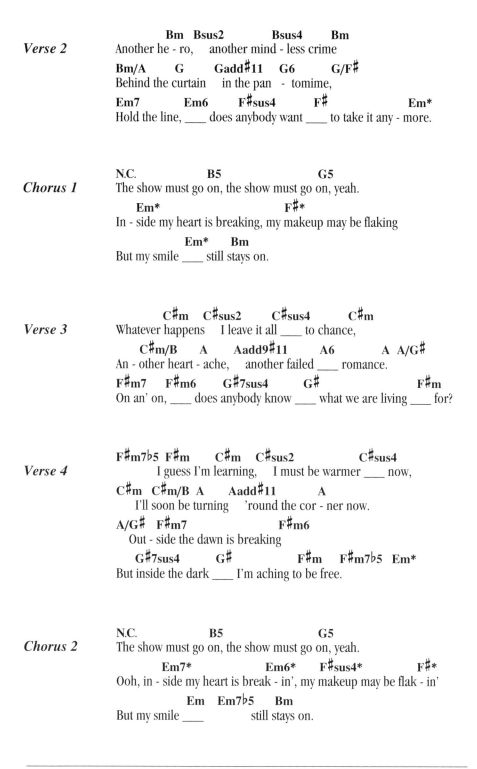

Verse 2

    Bm Bsus2   Bsus4   Bm
Another he - ro, another mind - less crime

Bm/A   G   Gadd#11 G6   G/F#
Behind the curtain in the pan - tomime,

Em7   Em6   F#sus4   F#   Em*
Hold the line, ___ does anybody want ___ to take it any - more.

Chorus 1

N.C.   B5   G5
The show must go on, the show must go on, yeah.

   Em*   F#*
In - side my heart is breaking, my makeup may be flaking

     Em*   Bm
But my smile ___ still stays on.

Verse 3

       C#m C#sus2   C#sus4   C#m
Whatever happens I leave it all ___ to chance,

    C#m/B A   Aadd9#11   A6   A A/G#
An - other heart - ache, another failed ___ romance.

F#m7 F#m6 G#7sus4   G#   F#m
On an' on, ___ does anybody know ___ what we are living ___ for?

Verse 4

F#m7♭5 F#m C#m C#sus2   C#sus4
   I guess I'm learning, I must be warmer ___ now,

C#m C#m/B A   Aadd#11   A
  I'll soon be turning 'round the cor - ner now.

A/G# F#m7   F#m6
 Out - side the dawn is breaking

   G#7sus4   G#   F#m F#m7♭5 Em*
But inside the dark ___ I'm aching to be free.

Chorus 2

N.C.   B5   G5
The show must go on, the show must go on, yeah.

    Em7*   Em6* F#sus4*   F#*
Ooh, in - side my heart is break - in', my makeup may be flak - in'

     Em Em7♭5   Bm
But my smile ___   still stays on.

Guitar Solo   *Repeat Verse 1 (Instrumental)*

Bridge

F   G/F   Em7*   Am7 Am7/G
My soul is painted like the wings ___ of butter - flies,

F   G/F   Em7*   Am7
Fairy tales of yesterday will grow but never die,

 A9/C#   A7 Dsus4   D
I ___ can fly ___ my friends.

Chorus 3

N.C.   Bm Bsus2 Bsus4
The show must go on,   yeah,

Bm   Bm/A   G   Gadd#11 G6 G
 The show must go on

G/F# Em7   Em6   F#sus4   F#
 I'll face it with a grin, ___ I'm never givin' in

   Em   Em7♭5
On ___ with the show.

Outro

|Bm   Bsus2 |Bsus4 Bm Bm/A |G   Gadd#11 |G6 G

G/F# Em7   Em6
Oo, I'll top the bill, I'll ___ overkill,

 F#sus4   F#
I ___ have to find the will ___ to carry on,

Em   Em7♭5   Em
(On with the show, on with the...) Show.

 N.C.   Bm   Bsus2
(Show must go on, go on, go on, go on, go on.)

    N.C.
||: Go on, go on. :|| *Repeat and fade*

Stone Cold Crazy

Words and Music by Freddie Mercury,
Brian May, Roger Taylor and John Deacon

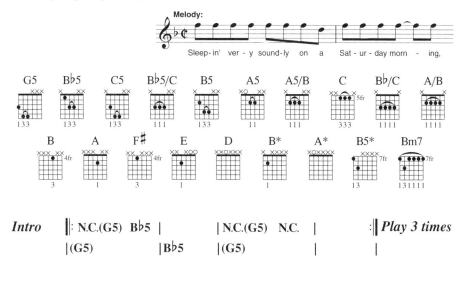

Intro ‖: N.C.(G5) B♭5 | | N.C.(G5)   N.C. | :‖ *Play 3 times*

|(G5) |B♭5 |(G5) | |

Verse 1

G5   N.C.
Sleepin' very soundly on a Saturday morning,

I was dreamin' I was Al Capone.

There's a rumor goin' 'round, gotta clear out a town.

Yeah, I'm smelling like a dry fish bone.

Here come the law, gonna break down the door,

Gonna carry me away once more.

Never, I never, I never want it anymore,

Gotta get away from this stone cold floor.
C5   B♭5/C   C5 N.C.
Crazy. _____   (Stone cold crazy, you know.)

Interlude 1 ‖: N.C.(G5) Bb5 | | N.C.(G5) N.C. | :‖ |

Guitar |B5   A5 |B5   A5/B |B5   A5/B |B5   A5/B |
Solo 1 |B5   A5/B |B5   A5/B |N.C. | |

Interlude 2 ‖: N.C.(G5) Bb5 | | N.C.(G5) N.C. | :‖

                    G5   N.C.
Verse 2   Rainy afternoon I gotta blow a typhoon

                                               C
               An' I'm playin' on my slide trombone.

               N.C.
               Anymore, anymore, cannot take it anymore,

               Bb5   **C5**
               Gotta get away from this stone cold floor.

                    Bb/C C5 N.C.   **Bb5**
               Cra - zy. _____   (Stone cold crazy, you know.)   *Ow!*

Guitar |B5 | A/B |B5 | A/B |
Solo 2 |B5 | A/B |N.C.(B) (A) (F#) | (E) (D) (B*) (A*)|
           |B5*   Bm7 | |B5*   Bm7 | |
           |B5*   Bm7 | |N.C.(B) (A) (F#) |(E) (D) (B*) (A*)|
           |B5 | | | |
           | | |N.C.(B) (A) (F#) |(E) (D) (B*) (A*)|

Interlude 3   ‖: N.C.(G5) B♭5 | | N.C.(G5) N.C. | :‖

Verse 3

              G5   N.C.
Walkin' down the street, shootin' people that I meet,

With my rubber Tommy water gun.

Here come the deputy, he's gonna come and get me,

I gotta get me, get up an' run.

They got the sirens loose, I ran right out of juice.

They're gonna put me in a cell.

If I can't go to heaven, will they let me go to hell?
C5   B♭5/C C5 N.C.   G5
Crazy. _____   (Stone cold crazy, you know.) *Ow!*

Somebody to Love

Words and Music by
Freddie Mercury

Melody:

Can ___ an - y - bod - y ___

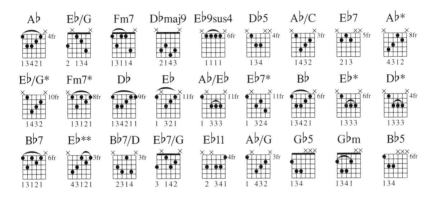

Intro

Ab   Eb/G Fm7 Dbmaj9 Eb9sus4
Can an - y - bod - y   find me

Db5   Ab/C Eb7   N.C. Ab* Eb/G*
Somebod - y   to love?

Fm7* Db   Eb Ab/Eb Eb7*
Oo, ___ oo.

Verse 1

     A♭   E♭/G   Fm7
Each morning I get up I die a little,

     A♭   B♭   E♭*
Can barely stand ____ on my feet.

     D♭* A♭ E♭/G   Fm7
Take a look _____ in the mirror and cry,

B♭7   E♭*
  Lord, what you're doin' to me.

     A♭   B♭7   E♭*
I have ____ spent all my years in be - lieving you

     E♭**   B♭7/D   E♭7 D♭*
But I just can't get no re - lief, Lord.

Chorus 1

  A♭
Somebody, (Somebody.) oo, somebody, (Somebody.)

      E♭7/G Fm7 D♭maj9
Can any - body   find   me

E♭11   A♭ A♭/G Fm7 D♭
  Somebody to love?   Yeah.

Verse 2

E♭ A♭/E♭ E♭7   A♭
           I work hard (He works hard.)

   E♭/G   Fm7
Ev'ry day of my life,

   A♭   B♭   E♭*
I ___ work 'till I ___ ache my bones.

   D♭* A♭   E♭/G   Fm7
At the   end, (At the end of the day,)

           B♭7   E♭*
I take home my hard earned pay all ____ on my own.

      A♭   B♭7   E♭*
I go down ____ on my knees and I ___ start to pray

     E♭**   B♭7/D   E♭7 D♭*
'Till the tears run down from my eyes, Lord.

Chorus 2

A♭
Somebody (Somebody.), oo, somebody, (Please.)

       E♭7/G Fm7 D♭maj9
Can any - body   find   me

E♭11   A♭
   Somebody to love?

Bridge

D♭5
   (He works hard.) Ev'ry day I've tried, I've tried, I've tried

  G♭5
But ev - 'rybody wants to put me down.

     G♭m
They say   I'm goin' crazy.

B♭5
   They say I got a lot of water in my brain.

                            E♭*
Ah, I got no common sense. I got nobody left to be - lieve.

(Yeah, yeah, yeah, yeah.)

Guitar Solo |A♭   E♭/G |Fm7 |A♭   B♭ |E♭*   D♭* |
              |A♭   E♭/G |Fm7 |B♭7 |E♭* |
              |A♭   B♭7 |E♭* |E♭** B♭7/D |E♭7 D♭* |
                                 (Oo._____) Oo,   Lord,

Chorus 3

A♭   E♭7/G Fm7 D♭maj9
Oo, somebody, oo, any - body   find   me

E♭11 A♭   A♭/G
   Some - body to love.

            Fm7 D♭   E♭   A♭/E♭
(Can any - body find me someone...)

Verse 3

Eb7   Ab Eb/G   Fm7
Got no feel, ____ I got no rhythm,

　　Ab　　　　　Bb　　　　Eb*
I'll ___ just keep los - ing my beat.

　　Db* Ab　　　Eb/G   Fm7
I'm ___ O.K., I'm alright.

　　　Bb7　　　　Eb*
I ain't gonna face no defeat.

　　Ab　　　　Bb7　　　Eb*
I just gotta get out ___ of this prison cell,

　　　Eb** Bb7/D   Eb7 Db*
Some - day I'm gonna be free, ___ Lord.

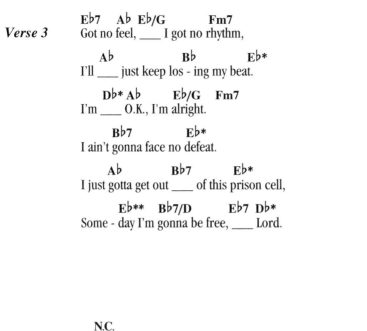

Chorus 4

N.C.
‖: (Find me somebody to love.) :‖ *Play 10 times w/ Lead Voc. ad lib.*

(Somebody, somebody, somebody, somebody, somebody,)

(Find me somebody, find me somebody to love.)

　　Ab   Eb/G Fm7   Dbmaj9 Eb11
Can any - body   find   me

　　　N.C.
Some - body to love?

Outro-
Chorus

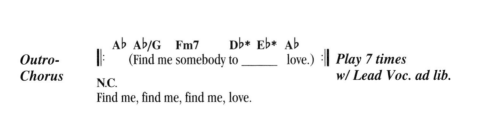

　　Ab Ab/G   Fm7   Db* Eb* Ab
‖:　　(Find me somebody to ____ love.) :‖ *Play 7 times*
　　　　　　　　　　　　　　　　　　　　　w/ Lead Voc. ad lib.
N.C.
Find me, find me, find me, love.

Tie Your Mother Down

Words and Music by
Brian May

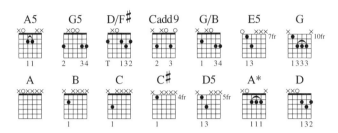

Intro

|A5 | | |G5   D/F# Cadd9 G/B |
|A5 | | |G5   D/F# Cadd9 G/B |

          Oo, _____ yeah, oo, _____ yeah!

|A5 | | |G5   D/F# Cadd9 G/B |

                                            Get your

        A5

Verse 1   Party gown an' get your pigtail down

                            G5 D/F# Cadd9

    An' get your heart beatin', baby.

    G/B   A5

    Got my timin' right an' got my act all tight,

                                G5   D/F#   Cadd9

    It's gotta be tonight my little school ____ ba - by.

        G/B   E5

Pre-   Your momma says you don't, that your daddy says you won't

Chorus 1   G   A5

    An' I'm boilin' up inside an' no way I'm gonna lose out this time.

          N.C. (A) (B) (C) (C#)

    Oh, no.

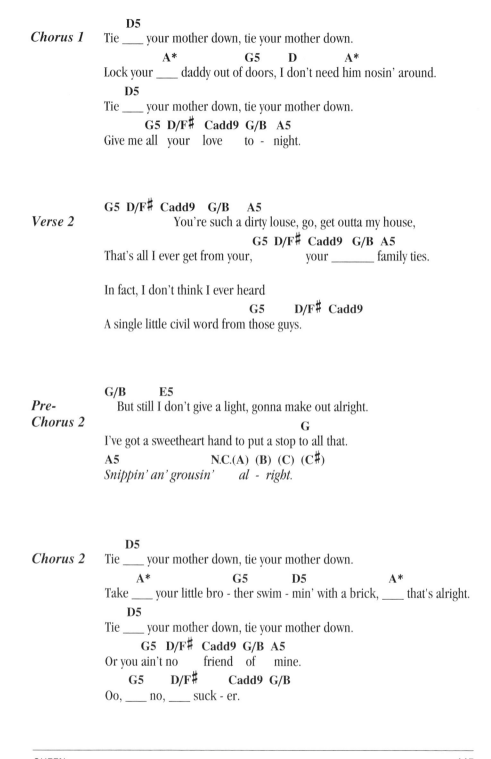

Chorus 1

D5
Tie ___ your mother down, tie your mother down.

A*   G5   D   A*
Lock your ___ daddy out of doors, I don't need him nosin' around.

D5
Tie ___ your mother down, tie your mother down.

G5 D/F♯ Cadd9 G/B A5
Give me all   your   love   to - night.

Verse 2

G5 D/F♯ Cadd9 G/B   A5
You're such a dirty louse, go, get outta my house,

G5 D/F♯ Cadd9 G/B A5
That's all I ever get from your,   your _____ family ties.

In fact, I don't think I ever heard

G5   D/F♯ Cadd9
A single little civil word from those guys.

**Pre-
Chorus 2**

G/B   E5
But still I don't give a light, gonna make out alright.

G
I've got a sweetheart hand to put a stop to all that.

A5   N.C.(A) (B) (C) (C♯)
Snippin' an' grousin'   al - right.

Chorus 2

D5
Tie ___ your mother down, tie your mother down.

A*   G5   D5   A*
Take ___ your little bro - ther swim - min' with a brick, ___ that's alright.

D5
Tie ___ your mother down, tie your mother down.

G5 D/F♯ Cadd9 G/B A5
Or you ain't no   friend of   mine.

G5   D/F♯   Cadd9 G/B
Oo, ___ no, ___ suck - er.

Guitar ‖: A5 | | |G5   D/F♯ Cadd9 G/B :‖
Solo |E5 | | | G |
        ‖: A5 | | |G5   D/F♯ Cadd9 G/B :‖

                 E5
Pre-   Your mummy an' your daddy gonna plague me' till I die.
Chorus 3
                                           G
      They can't understand it just a peace ___ lovin' guy.

      A5
      (Oo.) Oo.

      N.C.(A) (B) (C) (C♯)   D5
Chorus 3 Oh, _____ tie ___ your mother down, tie your mother down,
            A*
      Get that big, big, big, big, big, big daddy out the door.

      D5
      (Tie your mother down,) Yeah, (tie your mother down,)
                    G5 D/F♯ Cadd9 G/B A5
      Oh, gimme all ___ your   love   to - night.

      G5 D/F♯ Cadd9 G/B   A5
      All   your   love   tonight.

      A5
Outro   Give me ev'ry inch of your love.

      G5 D/F♯ Cadd9 G/B   A5
                Oo, _____ that's nice.

      G5 D/F♯ Cadd9 G/B   A5
           All _____ your love tonight.

      Yeah, gotta get my timing right. Yeah!

      G5 D/F♯ Cadd9 G/B   D A5
           Oo,   all   your _ love, tonight.

Who Wants to Live Forever

Words and Music by
Brian May

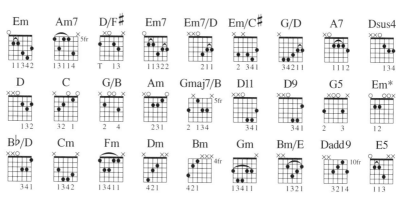

Verse 1

 Em   Am7   D/F#   Em7
There's no time for us, there's no place for us.

Em7/D Em/C#   G/D   A7
  What is this thing that builds our dreams,

        Dsus4   D
Yet slips a - way from us?

Chorus 1

            C   G/B   Am
Who wants to live for - ever?

            C   Gmaj7/B Am7
Who wants to live for   - ever?

D11 D9
Oo.

Verse 2

             Am7   **D/F#** **Em7**
There's no chance for us, it's all de - cided for us.

Em7/D **Em/C#**   **G/D**   **A7**
     This world has only one sweet moment

     Dsus4   **D**
Set a - side for us.

Chorus 2

       C   **G/B**   **Am**
Who wants to live for - ever?

       C   **Gmaj7/B** **Am**
Who wants to live for - ever?

D11 **G/B** **C** **G/B** **Am**
Oo.

       C   **G/B**   **Am**
Who dares to love for - ever?

Dsus4 **D**   **Em**
Oh, _____ when love must die.

Interlude   ‖: **Em** | **C** | **Em** | **C**   :‖

Bridge

         Em   **C**
But touch my tears with your lips,

          Em   **C**
Touch my world with your finger - tips.

    G5   **D/F#**   **Em***
And we can have for - ever,

    G5   **D/F#**   **Em***
And we can love for - ever.

Em7/D **Em/C#** **A7**   **D**   **B♭/D**
For - ever _____ is our today.

Chorus 3

      G5   **D/F#** **Em***
Who wants to live for - ever?

      G*   **D/F#** **Em***
Who wants to live for - ever?

Em7/D **Em/C#** **A7**   **D**   **B♭/D**
For - ever _____ is _____ our today.

    Em
Who waits forever anyway?

Outro

	C		Em		Cm		Am		
	Fm		Dm		Bm		Gm		
			Em				C		
	Am		Em Bm/E		A7				
			Em		Dadd9				
			E5	‖					

Under Pressure

Words and Music by Freddie Mercury,
John Deacon, Brian May, Roger Taylor
and David Bowie

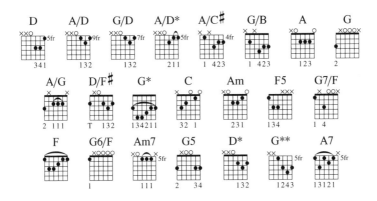

Intro

|D |A/D |G/D |A/D* |

D   A/D
    Boom, boom, bah, bah,   boom, boom, bah, bay.

G/D   A/D*
    B-b, boom, bah, bay, bay.

Verse 1

               D   A/D

Pressure pushin' down on me,

         G/D   A/D*

Pushin' down on you, no man ask for.

        D   A/C$\sharp$

Under pressure that burns a building down,

        G/B   A

Splits the fam'ly in two, puts people on streets.

  D   A/C$\sharp$

Boom, bah, bah, bay, boom, bah, bah, bay,

        G/B   A

Do, day, dah, do, day, dah.

Chorus 1

        G   A/G

It's the terror of knowing what this world is about,

D   A/G

Watching some good friends scream - ing, "Let me out!"

        G   A/G

Pray tomorrow gets me higher.

        D/F$\sharp$ G A

Pressure on people, people on streets.

N.C.(D)

Day, day, dep, oo, oo, da, da, da, bop, bop. Okay!

Verse 2

        D   A/D   G/D

  Chippin' around, ___ kick my brains 'round the floor.

                   A/D*

These are the days ___ it never rains but it pours.

D   A/C$\sharp$

  De, doh, dah, doh,   de, de, doh, dah, doh,

G/B   A

  Mm, dah, doh, ba, la, lop.

D   A/C$\sharp$

People on streets. De, dah, de, dah, day.

G/B   A

People on streets. De, dah, de,dah, de, dah, de, dah.

Chorus 2

              G   **A/G**
It's the terror of knowing what this world is about,

G   **A/G**
Watching some good friends scream - ing, "Let me out!"

     G   **A/G**   **D/F♯**
Pray tomorrow gets me higher, higher, higher.

               G **A**
(People, people on streets.)

Bridge

            G*   **C**
Turned a - way from it all like a blind man,

G*   **C**
  Sat on a fence but it don't work.

     G*   **C**
Keep coming up with love but it's so slashed 'n' torn.

      Am   **F5**   **G7/F** **F** **G6/F**
Why? ___ Why? Why?

    A
(Love, love, love, love.)

Am7 **A**
  In - sanity laughs, under pressure we're cracking.

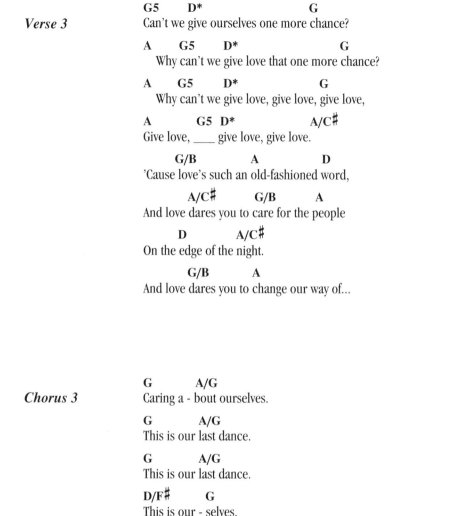

Verse 3

```
G5      D*                        G
Can't we give ourselves one more chance?

A    G5    D*                  G
   Why can't we give love that one more chance?

A    G5    D*            G
   Why can't we give love, give love, give love,

A      G5  D*              A/C♯
Give love, ___ give love, give love.

      G/B          A              D
'Cause love's such an old-fashioned word,

      A/C♯        G/B       A
And love dares you to care for the people

      D          A/C♯
On the edge of the night.

      G/B          A
And love dares you to change our way of...
```

Chorus 3

```
G        A/G
Caring a - bout ourselves.

G        A/G
This is our last dance.

G        A/G
This is our last dance.

D/F♯       G
This is our - selves.
```

Outro

```
A       D*                  G** A7  D*      G** A7
   Under pressure, under pressure,      pressure.
```

We Are the Champions

Words and Music by
Freddie Mercury

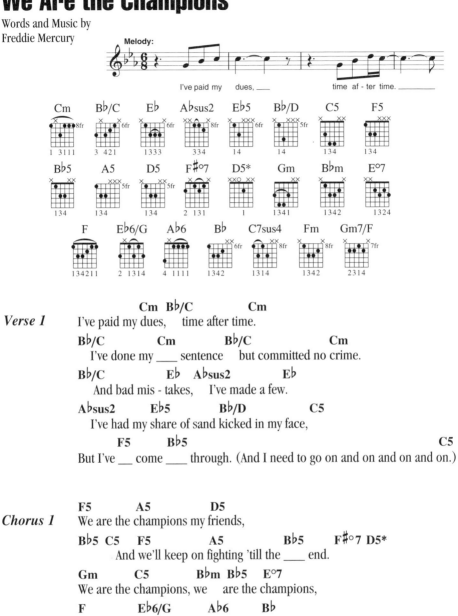

Melody:

I've paid my   dues, ___   time af - ter time. _____

Cm   Bb/C   Eb   Absus2   Eb5   Bb/D   C5   F5

Bb5   A5   D5   F#°7   D5*   Gm   Bbm   E°7

F   Eb6/G   Ab6   Bb   C7sus4   Fm   Gm7/F

Verse 1

                     Cm Bb/C   **Cm**
I've paid my dues,   time after time.

Bb/C   **Cm**   **Bb/C**   **Cm**
   I've done my ___ sentence   but committed no crime.

Bb/C   **Eb**   **Absus2**   **Eb**
   And bad mis - takes,   I've made a few.

Absus2   **Eb5**   **Bb/D**   **C5**
   I've had my share of sand kicked in my face,

            F5   **Bb5**   **C5**
But I've ___ come ___ through. (And I need to go on and on and on and on.)

Chorus 1

F5   **A5**   **D5**
We are the champions my friends,

Bb5 C5   **F5**   **A5**   **Bb5**   **F#°7 D5***
   And we'll keep on fighting 'till the ___ end.

Gm   **C5**   **Bbm Bb5**   **E°7**
We are the champions, we   are the champions,

F   **Eb6/G**   **Ab6**   **Bb**
No time for losers, 'cause we are the champions

C7sus4   **Fm Gm7/F Fm Gm7/F Fm**
   Of the world.

Verse 2

Bb/C   Cm Bb/C   Cm
I've taken my bows and my curtain calls.

Bb/C   Cm
You brought me fame and fortune

     Bb/C   Cm
And ev'rything that ___ goes with it. I thank you all.

Bb/C   Eb Absus2 Eb
But it's been no bed of roses, no pleasure ___ cruise.

Absus2 Eb5   Bb/D   C5
I consider it a challenge before the whole human race

  F5   Bb5   C5
And I ain't gonna lose. ___ (And I need to go on and on and on and on.)

Chorus 2

F5   A5   D5
We are the champions my friends,

Bb5 C5 F5   A5   Bb5 F#°7 D5*
  And we'll keep on fighting 'till __ the end.

Gm   C5   Bbm Bb5 E°7
We are the champions, we are the champions,

F   Eb6/G   Ab6   Bb
No time for losers, 'cause we are the champions.

C7sus4 F5   A5   D5
 We ____ are the champions my friends,

Bb5 C5 F5   A5 Bb5 F#°7 D5*
  And we'll keep on fighting 'till the end. Ah.

Gm   C5   Bbm Bb5 E°7
We are the champions, we are the champions,

F   Eb6/G   Ab6   Bb   C7sus4
No time for losers, 'cause we are the champions.

We Will Rock You

Words and Music by
Brian May

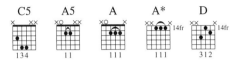

Verse 1

N.C.
Buddy, you're a boy, make a big noise playing in the street,

Gonna be a big man someday.

You got mud on your face, you big disgrace,

Kicking your can all over the place.

Chorus 1

N.C.
Singing, "We will, we will rock you.

We will, we will rock you."

Verse 2

N.C.
Buddy, you're a young man, hard man, shouting in the street,

Gonna take on the world someday.

You got blood on your face, you big disgrace,

Waving your banner all over the place.

Chorus 2
N.C.
We will, we will, rock you. *Sing it, ah.*

We will, we will rock you.

Verse 3
N.C.
Buddy you're an old man, poor man, pleading with your eyes,

Gonna make you some peace someday.

You got mud on your face, big disgrace,

Somebody better put you back into your place.

Chorus 3
N.C.
We will, we will rock you. Sing it. Mm.

We will, we will rock you.

Ev'rybody; we will, we will rock you. Uh.

C5
We will, we will   rock you. *Alright.*

Outro
|A5 A   A5   A* | D   A* | D A* D A* D A* N.C. |
| D A* D   A* | N.C.   A* | D A* D A* |
| D A* D A*   D A* | D A* D A*   D A* | D A* D A* D A* ‖

You're My Best Friend

Words and Music by
John Deacon

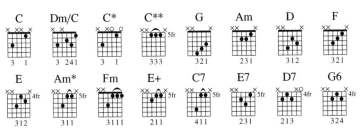

Ooh,   you make   me   live. ___   What - ev - er

C	Dm/C	C*	C**	G	Am	D	F

E	Am*	Fm	E+	C7	E7	D7	G6

Intro |N.C.(C) | |Dm/C   C* | |

Chorus 1

Dm/C   **C***
Ooh, you make me live.

  Dm/C   **C***
What - ever this world can ___ give to me,

 Dm/C   **C***
It's you, you're all I see.

Dm/C   **C***
Ooh, you make me live, now, honey.

Dm/C
Ooh, you make me live.

Verse 1

```
C** G C** G Am                D            F     G
                 Oh, you're the best friend that I ever had.
```

```
    C**      G    C**     G    Am
I've been with you ____ such ____ a ____ long time.
```

```
        D            F            G
You're my sunshine, and I want you to know
```

```
        E        Am* G    C** G    F
That my feelings are true. I real - ly love ____ you.
```

```
Fm                  C*          Dm/C
(Ooh.) Oh, you're my best friend. (Ooh, you make me live.)
```

Bridge

```
C**     E+      Am* C7
   Ooh, I've been wan - derin' 'round.
```

```
F                  Fm
Still comes back to you.
```

```
    G          E7      Am*          D7
And in rain or shine ____ you've ____ stood by me, girl.
```

```
    G6      G              N.C.(C)
I'm happy at home. You're my best friend.
```

Chorus 2

```
Dm/C          C*
Ooh, you make me live.
```

```
        Dm/C          C*
When - ever this world is ____ cruel to me.
```

```
        Dm/C              C*
I got you ____ to help me for - get. (Ooh!)
```

```
Dm/C              C*
Ooh, you make me live now, honey.
```

```
Dm/C
Ooh, you make me live.
```

Verse 2

C** G C** G Am   D   F   G
                                      Oh, you're the first one when things turn out bad.

   C**   G   C** G Am
You know I'll nev - er   be lonely.

                 D   F   G
You're my only one, and I love the things,

E   Am* G   C** G   F
I really love _____ the things ___ that ___ you do.

Fm   N.C.(C)
(Ooh.) Oh, you're my best friend. Oh, ah.

Interlude

Dm/C   C**   E+   Am   C7
Ooh, you make me live, live, ____ live, ____ live.

|F   Fm | |G   E7 Am* | D7 |
                                                                I'm

|G6   G | N.C.(C) | | |
 Happy.   You're my best   friend.

|Fm   N.C.(C) | |Fm   N.C.(C) | |
  Oh.   Oh, you're my best   friend.

Outro

Dm/C   C*
Ooh, you make me live. (Ooh!)

Dm/C   C** G C** G C** G C** G C**
Ooh, you're my best friend.

Guitar Chord Songbooks

Each book includes complete lyrics, chord symbols, and guitar chord diagrams.

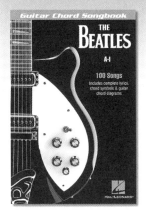

Acoustic Hits
More than 60 songs: Against the Wind • Name • One • Southern Cross • Take Me Home, Country Roads • Teardrops on My Guitar • Who'll Stop the Rain • Ziggy Stardust • and more.
00701787 ....$14.99

Acoustic Rock
80 acoustic favorites: Blackbird • Blowin' in the Wind • Layla • Maggie May • Me and Julio down by the Schoolyard • Pink Houses • and more.
00699540................................$19.99

The Beach Boys
59 favorites: California Girls • Don't Worry Baby • Fun, Fun, Fun • Good Vibrations • Help Me Rhonda • Wouldn't It Be Nice • dozens more!
00699566................................$15.99

The Beatles (A-I)
An awesome reference of Beatles hits: All You Need Is Love • The Ballad of John and Yoko • Get Back • Good Day Sunshine • A Hard Day's Night • Hey Jude • I Saw Her Standing There • and more.
00699558................................$17.99

The Beatles (J-Y)
100 more Beatles hits: Lady Madonna • Let It Be • Ob-La-Di, Ob-La-Da • Paperback Writer • Revolution • Twist and Shout • When I'm Sixty-Four • and more.
00699562................................$17.99

Bluegrass
Over 40 classics: Blue Moon of Kentucky • Foggy Mountain Top • High on a Mountain Top • Keep on the Sunny Side • Wabash Cannonball • The Wreck of the Old '97 • and more.
00702585................................$14.99

Johnny Cash
58 Cash classics: A Boy Named Sue • Cry, Cry, Cry • Daddy Sang Bass • Folsom Prison Blues • I Walk the Line • Ring of Fire • Solitary Man • and more.
00699648...............................$17.99

Steven Curtis Chapman
65 from this CCM superstar: Be Still and Know • Cinderella • For the Sake of the Call • Live Out Loud • Speechless • With Hope • and more.
00700702 ....$17.99

Children's Songs
70 songs for kids: Alphabet Song • Bingo • The Candy Man • Eensy Weensy Spider • Puff the Magic Dragon • Twinkle, Twinkle Little Star • and more.
00699539................................$16.99

Christmas Carols
80 Christmas carols: Angels We Have Heard on High • The Holly and the Ivy • I Saw Three Ships • Joy to the World • O Holy Night • and more.
00699536................................$12.99

Christmas Songs – 2nd Ed.
80 songs: All I Want for Christmas Is My Two Front Teeth • Baby, It's Cold Outside • Jingle Bell Rock • Mistletoe and Holly • Sleigh Ride • and more.
00119911................................$14.99

Eagles
40 familiar songs: Already Gone • Best of My Love • Desperado • Hotel California • One of These Nights • Peaceful Easy Feeling • Witchy Woman • and more.
00122917................................$16.99

Eric Clapton
75 of Slowhand's finest: I Shot the Sheriff • Knockin' on Heaven's Door • Layla • Strange Brew • Tears in Heaven • Wonderful Tonight • and more.
00699567 ....$16.99

Classic Rock
80 rock essentials: Beast of Burden • Cat Scratch Fever • Hot Blooded • Money • Rhiannon • Sweet Emotion • Walk on the Wild Side • and more.
00699598 ....$16.99

Coffeehouse Hits
57 singer-songwriter hits: Don't Know Why • Hallelujah • Meet Virginia • Steal My Kisses • Torn • Wonderwall • You Learn • and more.
00703318 ....$14.99

Country
80 country standards: Boot Scootin' Boogie • Crazy • Hey, Good Lookin'• Sixteen Tons • Through the Years • Your Cheatin' Heart • and more.
00699534................................$14.99

Country Favorites
Over 60 songs: Achy Breaky Heart (Don't Tell My Heart) • Brand New Man • Gone Country • The Long Black Veil • Make the World Go Away • and more.
00700609 ....$14.99

Country Hits
40 classics: As Good As I Once Was • Before He Cheats • Cruise • Follow Your Arrow • God Gave Me You • The House That Built Me • Just a Kiss • Making Memories of Us • Need You Now • Your Man • and more.
00140859 ....$14.99

Country Standards
60 songs: By the Time I Get to Phoenix • El Paso • The Gambler • I Fall to Pieces • Jolene • King of the Road • Put Your Hand in the Hand • A Rainy Night in Georgia • and more.
00700608 ....$12.95

Cowboy Songs
Over 60 tunes: Back in the Saddle Again • Happy Trails • Home on the Range • Streets of Laredo • The Yellow Rose of Texas • and more.
00699636 ....$14.99

Creedence Clearwater Revival
34 CCR classics: Bad Moon Rising • Born on the Bayou • Down on the Corner • Fortunate Son • Up Around the Bend • and more.
00701786 ....$14.99

Jim Croce
37 tunes: Bad, Bad Leroy Brown • I Got a Name • I'll Have to Say I Love You in a Song • Operator (That's Not the Way It Feels) • Photographs and Memories • Time in a Bottle • You Don't Mess Around with Jim • and many more.
00148087 ....$14.99

Crosby, Stills & Nash
37 hits: Chicago • Dark Star • Deja Vu • Marrakesh Express • Our House • Southern Cross • Suite: Judy Blue Eyes • Teach Your Children • and more.
00701609................................$12.99

Complete contents listings available online at www.halleonard.com

John Denver
50 favorites: Annie's Song • Leaving on a Jet Plane • Rocky Mountain High • Take Me Home, Country Roads • Thank God I'm a Country Boy • and more.
02501697 ....$14.99

Neil Diamond
50 songs: America • Cherry, Cherry • Cracklin' Rosie • Forever in Blue Jeans • I Am...I Said • Love on the Rocks • Song Sung Blue • Sweet Caroline • and dozens more!
00700606 ....$15.99

Disney
56 super Disney songs: Be Our Guest • Friend like Me • Hakuna Matata • It's a Small World • Under the Sea • A Whole New World • Zip-A-Dee-Doo-Dah • and more.
00701071 ....$16.99

The Best of Bob Dylan
70 Dylan classics: Blowin' in the Wind • Forever Young • Hurricane • It Ain't Me Babe • Just like a Woman • Lay Lady Lay • Like a Rolling Stone • and more.
14037617 ....$17.99

Eagles
40 familiar songs: Already Gone • Best of My Love • Desperado • Hotel California • Life in the Fast Lane • Peaceful Easy Feeling • Witchy Woman • more.
00122917 ....$16.99

Folk Pop Rock
80 songs: American Pie • Dust in the Wind • Me and Bobby McGee • Somebody to Love • Time in a Bottle • and more.
00699651 ....$15.99

Folksongs
80 folk favorites: Aura Lee • Camptown Races • Danny Boy • Man of Constant Sorrow • Nobody Knows the Trouble I've Seen • and more.
00699541 ....$14.99

40 Easy Strumming Songs
Features 40 songs: Cat's in the Cradle • Daughter • Hey, Soul Sister • Homeward Bound • Take It Easy • Wild Horses • and more.
00115972 ....$14.99

Four Chord Songs
40 hit songs: Blowin' in the Wind • I Saw Her Standing There • Should I Stay or Should I Go • Stand by Me • Turn the Page • Wonderful Tonight • and more.
00701611 ....$12.99

Glee
50+ hits: Bad Romance • Beautiful • Dancing with Myself • Don't Stop Believin' • Imagine • Rehab • Teenage Dream • True Colors • and dozens more.
00702501 ....$14.99

Gospel Hymns
80 hymns: Amazing Grace • Give Me That Old Time Religion • I Love to Tell the Story • Shall We Gather at the River? • Wondrous Love • and more.
00700463 ....$14.99

Grand Ole Opry®
80 great songs: Abilene • Act Naturally • Country Boy • Crazy • Friends in Low Places • He Stopped Loving Her Today • Wings of a Dove • dozens more!
00699885 ....$16.95

Grateful Dead
30 favorites: Casey Jones • Friend of the Devil • High Time • Ramble on Rose • Ripple • Rosemary • Sugar Magnolia • Tennessee Jed • Touch of Grey • Truckin' • Uncle John's Band • and more.
00139461 ....$14.99

Green Day
34 faves: American Idiot • Basket Case • Boulevard of Broken Dreams • Good Riddance (Time of Your Life) • 21 Guns • Wake Me Up When September Ends • When I Come Around • and more.
00103074 ....$12.99

Guitar Chord Songbook White Pages
400 songs in over 1,000 pages! Includes: California Girls • Footloose • Hey Jude • King of the Road • Man in the Mirror • and many more.
00702609................................$29.99

Irish Songs
45 Irish favorites: Danny Boy • Girl I Left Behind Me • Harrigan • I'll Tell Me Ma • The Irish Rover • My Wild Irish Rose • When Irish Eyes Are Smiling • and more!
00701044 ....$14.99

Michael Jackson
27 songs: Bad • Beat It • Billie Jean • Black or White (Rap Version) • Don't Stop 'Til You Get Enough • The Girl Is Mine • Man in the Mirror • Rock with You • Smooth Criminal • Thriller • and more.
00137847 ....$14.99

Billy Joel
60 Billy Joel favorites: • It's Still Rock and Roll to Me • The Longest Time • Piano Man • She's Always a Woman • Uptown Girl • We Didn't Start the Fire • You May Be Right • and more.
00699632 ....$16.99

Elton John
60 songs: Bennie and the Jets • Candle in the Wind • Crocodile Rock • Goodbye Yellow Brick Road • Pinball Wizard • Sad Songs (Say So Much) • Tiny Dancer • Your Song • and more.
00699732 ....$15.99

Ray LaMontagne
20 songs: Empty • Gossip in the Grain • Hold You in My Arms • I Still Care for You • Jolene • Trouble • You Are the Best Thing • and more.
00130337................................$12.99

Latin Songs
60 favorites: Bésame Mucho (Kiss Me Much) • The Girl from Ipanema (Garôta De Ipanema) • The Look of Love • So Nice (Summer Samba) • and more.
00700973 ....$14.99

Love Songs
65 romantic ditties: Baby, I'm-A Want You • Fields of Gold • Here, There and Everywhere • Let's Stay Together • Never My Love • The Way We Were • more!
00701043................................$14.99

Bob Marley
36 songs: Buffalo Soldier • Get up Stand Up • I Shot the Sheriff • Is This Love • No Woman No Cry • One Love • Redemption Song • and more.
00701704................................$12.99

Bruno Mars
15 hits: Count on Me • Grenade • If I Knew • Just the Way You Are • The Lazy Song • Locked Out of Heaven • Marry You • Treasure • When I Was Your Man • and more.
00125332 ....$12.99

Paul McCartney
60 from Sir Paul: Band on the Run • Jet • Let 'Em In • Maybe I'm Amazed • No More Lonely Nights • Say Say Say • Take It Away • With a Little Luck • and more!
00385035 ....$16.95

Steve Miller
33 hits: Dance Dance Dance • Jet Airliner • The Joker • Jungle Love • Rock'n Me • Serenade from the Stars • Swingtown • Take the Money and Run • and more.
00701146................................$12.99

Modern Worship
80 modern worship favorites: All Because of Jesus • Amazed • Everlasting God • Happy Day • I Am Free • Jesus Messiah • and more.
00701801 ....$16.99

Motown
60 Motown masterpieces: ABC • Baby I Need Your Lovin' • I'll Be There • Stop! In the Name of Love • You Can't Hurry Love • and more.
00699734 ....$17.99

Willie Nelson
44 favorites: Always on My Mind • Beer for My Horses • Blue Skies • Georgia on My Mind • Help Me Make It Through the Night • On the Road Again • Whiskey River • and many more.
00148273 ....$14.99

Nirvana
40 songs: About a Girl • Come as You Are • Heart Shaped Box • The Man Who Sold the World • Smells like Teen Spirit • You Know You're Right • and more.
00699762 ....$16.99

Roy Orbison
38 songs: Blue Bayou • Oh, Pretty Woman • Only the Lonely (Know the Way I Feel) • Working for the Man • You Got It • and more.
00699752 ....$14.99

Peter, Paul & Mary
43 favorites: If I Had a Hammer (The Hammer Song) • Leaving on a Jet Plane • Puff the Magic Dragon • This Land Is Your Land • and more.
00103013...............................$14.99

Tom Petty
American Girl • Breakdown • Don't Do Me like That • Free Fallin' • Here Comes My Girl • Into the Great Wide Open • Mary Jane's Last Dance • Refugee • Runnin' Down a Dream • The Waiting • and more.
00699883 ....$15.99

Pink Floyd
30 songs: Another Brick in the Wall, Part 2 • Brain Damage • Breathe • Comfortably Numb • Hey You • Money • Mother • Run like Hell • Us and Them • Wish You Were Here • Young Lust • and many more.
00139116 ....$14.99

Pop/Rock
80 chart hits: Against All Odds • Come Sail Away • Every Breath You Take • Hurts So Good • Kokomo • More Than Words • Smooth • Summer of '69 • and more.
00699538 ....$14.95

Praise and Worship
80 favorites: Agnus Dei • He Is Exalted • I Could Sing of Your Love Forever • Lord, I Lift Your Name on High • More Precious Than Silver • Open the Eyes of My Heart • Shine, Jesus, Shine • and more.
00699634 ....$14.99

Elvis Presley
60 hits: All Shook Up • Blue Suede Shoes • Can't Help Falling in Love • Heartbreak Hotel • Hound Dog • Jailhouse Rock • Suspicious Minds • Viva Las Vegas • and more.
00699633 ....$14.95

Queen
40 hits: Bohemian Rhapsody • Crazy Little Thing Called Love • Fat Bottomed Girls • Killer Queen • Tie Your Mother Down • Under Pressure • You're My Best Friend • and more!
00702395 ....$12.99

Red Hot Chili Peppers
50 hits: Californication • Give It Away • Higher Ground • Love Rollercoaster • Scar Tissue • Suck My Kiss • Under the Bridge • and more.
00699710 ....$17.99

Rock Ballads
54 songs: Amanda • Boston • Brick • Landslide • Love Hurts • Mama, I'm Coming Home • She Will Be Loved • Waiting for a Girl like You • and more.
00701034 ....$14.99

The Rolling Stones
35 hits: Angie • Beast of Burden • Fool to Cry • Happy • It's Only Rock 'N' Roll (But I Like It) • Miss You • Not Fade Away • Respectable • Rocks Off • Start Me Up • Time Is on My Side • Tumbling Dice • Waiting on a Friend • and more.
00137716 ....$14.99

Bob Seger
41 favorites: Against the Wind • Hollywood Nights • Katmandu • Like a Rock • Night Moves • Old Time Rock & Roll • You'll Accomp'ny Me • and more!
00701147...............................$12.99

Carly Simon
Nearly 40 classic hits, including: Anticipation • Haven't Got Time for the Pain • Jesse • Let the River Run • Nobody Does It Better • You're So Vain • and more.
00121011...............................$14.99

Sting
50 favorites from Sting and the Police: Don't Stand So Close to Me • Every Breath You Take • Fields of Gold • King of Pain • Message in a Bottle • Roxanne • and more.
00699921 ....$14.99

Taylor Swift – 2nd Ed.
40 tunes: Back to December • Bad Blood • Blank Space • Fearless • Fifteen • I Knew You Were Trouble • Look What You Made Me Do • Love Story • Mean • Shake It Off • Speak Now • Wildest Dreams • and many more.
00263755...............................$16.99

Three Chord Acoustic Songs
30 acoustic songs: All Apologies • Blowin' in the Wind • Hold My Hand • Just the Way You Are • Ring of Fire • Shelter from the Storm • This Land Is Your Land • and more.
00123860 ....$14.99

Three Chord Songs
65 includes: All Right Now • La Bamba • Lay Down Sally • Mony, Mony • Rock Around the Clock • Rock This Town • Werewolves of London • You Are My Sunshine • and more.
00699720 ....$14.99

Top 100 Hymns
100 songs: 'Tis So Sweet to Trust in Jesus • A Mighty Fortress Is Our God • Christ the Lord Is Risen Today • Higher Ground • In the Sweet by and By • Rock of Ages, Cleft for Me • and many more!
75718017 ....$14.99

Two-Chord Songs
Nearly 60 songs: ABC • Brick House • Eleanor Rigby • Fever • Paperback Writer • Ramblin' Man Tulsa Time • When Love Comes to Town • and more.
00119236...............................$14.99

U2
40 U2 songs: Beautiful Day • Mysterious Ways • New Year's Day • One • Sunday Bloody Sunday • Walk On • Where the Streets Have No Name • With or Without You • and more.
00137744...............................$14.99

Hank Williams
68 classics: Cold, Cold Heart • Hey, Good Lookin' • Honky Tonk Blues • I'm a Long Gone Daddy • Jambalaya (On the Bayou) • Your Cheatin' Heart • and more.
00700607 ....$14.99

Stevie Wonder
40 of Stevie's best: For Once in My Life • Higher Ground • Isn't She Lovely • My Cherie Amour • Sir Duke • Superstition • Uptight (Everything's Alright) • Yester-Me, Yester-You, Yesterday • and more!
00120862 ....$14.99

Neil Young
35 songs: After the Gold Rush • Cinnamon Girl • Down by the River • Harvest • Heart of Gold • Like a Hurricane • Long May You Run • Ohio • Old Man • Southern Man • and more.
00700464 ....$14.99

HAL•LEONARD®

0318

HAL•LEONARD GUITAR PLAY-ALONG

This series will help you play your favorite songs quickly and easily. Just follow the tab and listen to the CD to hear how the guitar should sound, and then play along using th separate backing tracks. Mac or PC users can also slow down tl tempo without changing pitch by using the CD in their compute The melody and lyrics are included in the book so that you ca sing or simply follow along.

57. ACOUSTIC METAL
00699662................$16.95

58. BLUES
00699663................$16.95

59. '80s METAL
00699664................$16.99

60. INCUBUS
00699668................$17.95

61. ERIC CLAPTON
00699669................$16.95

62. 2000s ROCK
00699670................$16.99

63. LYNYRD SKYNYRD
00699681................$17.95

64. JAZZ
00699689................$14.99

65. TV THEMES
00699718................$14.95

66. MAINSTREAM ROCK
00699722................$16.95

67. HENDRIX SMASH HITS
00699723................$19.95

68. AEROSMITH CLASSICS
00699724................$17.99

69. STEVIE RAY VAUGHAN
00699725................$17.99

51. ALTERNATIVE '90s
00699727................$14.99

52. FUNK
00699728................$14.95

53. DISCO
00699729................$14.99

54. HEAVY METAL
00699730................$14.95

55. POP METAL
00699731................$14.95

56. FOO FIGHTERS
00699749................$14.95

57. SYSTEM OF A DOWN
00699751................$14.95

58. BLINK-182
00699772................$14.95

60. 3 DOORS DOWN
00699774................$14.95

61. SLIPKNOT
00699775................$16.99

62. CHRISTMAS CAROLS
00699798................$12.95

63. CREEDENCE CLEARWATER REVIVAL
00699802................$16.99

64. OZZY OSBOURNE
00699803................$16.99

65. THE DOORS
00699806................$16.99

66. THE ROLLING STONES
00699807................$16.95

67. BLACK SABBATH
00699808................$16.99

68. PINK FLOYD – DARK SIDE OF THE MOON
00699809................$16.99

69. ACOUSTIC FAVORITES
00699810................$14.95

70. OZZY OSBOURNE
00699805................$16.99

71. CHRISTIAN ROCK
00699824................$14.95

72. ACOUSTIC '90s
00699827................$14.95

73. BLUESY ROCK
00699829................$16.99

74. PAUL BALOCHE
00699831................$14.95

75. TOM PETTY
00699882................$16.99

76. COUNTRY HITS
00699884................$14.95

77. BLUEGRASS
00699910................$14.99

78. NIRVANA
00700132................$16.99

79. NEIL YOUNG
00700133................$24.99

80. ACOUSTIC ANTHOLOGY
00700175................$19.95

81. ROCK ANTHOLOGY
00700176................$22.99

82. EASY ROCK SONGS
00700177................$12.99

83. THREE CHORD SONGS
00700178................$16.99

84. STEELY DAN
00700200................$16.99

85. THE POLICE
00700269................$16.99

86. BOSTON
00700465................$16.99

87. ACOUSTIC WOMEN
00700763................$14.99

88. GRUNGE
00700467................$19.99

90. CLASSICAL POP
00700469................$14.99

91. BLUES INSTRUMENTALS
00700505................$14.99

92. EARLY ROCK INSTRUMENTALS
00700506................$14.99

93. ROCK INSTRUMENTALS
00700507................$16.99

95. BLUES CLASSICS
00700509................$14.99

96. THIRD DAY
00700560................$14.95

97. ROCK BAND
00700703................$14.99

98. ROCK BAND
00700704................$14.95

99. ZZ TOP
00700762................$16.99

100. B.B. KING
00700466................$14.99

*Prices, contents, and availability
subject to change without notice.*

HAL•LEONARD®
CORPORATION
7777 W. BLUEMOUND RD. P.O. BOX 13819
MILWAUKEE, WISCONSIN 53213

For audio samples and
complete songlists,
visit Hal Leonard online a
www.halleonard.com